家庭学習で100倍「漢字力」を伸ばす!

土居

小学館

はじめに

　子どもが小学校に上がると必ずと言ってよいほど出されるのが「漢字の宿題」です。小学校教師である私も、今までずっと漢字の宿題を出してきましたし、漢字の宿題を出していない教師には出会ったことがないくらい、漢字は多くのクラスで宿題として出されています。この本をお読みいただいている保護者のみなさんも、小学生のころ、家でたくさん漢字の練習をしたのではないでしょうか。私もそうでした。そして、漢字の宿題をめぐる現状は今も同じです。ほぼ毎日、漢字の宿題が出されています。

　学校に通う日数は1年間で約200日ですから、宿題をする日数も同じ200日と考えれば、1年のうち200日ほども、子どもたちは家で漢字の宿題に取り組んでいるわけです。これは貴重な子ども時代のかなり多くの時間を占めると言っても過言ではないでしょう。

　それにもかかわらず、漢字の定着率はあまりよくありません。

ベネッセ教育総合研究所の調査[※注1]によれば、前年度に学習した漢字の抜き打ちテストを行ったところ、全学年の定着率は全国平均59％であったそうです。少し前のデータですが、現在でも状況はほとんど変わっていないように感じます。

つまり、例えば3年生の子であれば、2年生の時に学習した漢字を59％程度しか書けなかった、ということがわかったのです。これでは、「しっかり定着している」とは言えないのではないでしょうか。

しかし、私のクラスでは、漢字の50問テストを抜き打ちで行っても、平均点が90点を上回ります。年によっては97点ほどで、ほとんど全員が１００点という時もあります。そればかりでなく、習っていない漢字を自分から作文などで使う子も多くいます。クラスの子どもたちの多くは漢字に対して自信をもち、自主的に日本漢字能力検定を受ける子どももたくさんいました。

一体、そのような差は、どこから生まれるのでしょうか。もちろん授業中の指導も関係しているとは思いますが、他の学級と同様に、私のクラスでも漢字を1文字1文字子どもに丁寧に教えている時間の余裕はありません。ですから、私のクラスの子どもたちに漢字が定着しているのは、家での学習の仕方がよいというのが最も大きな理由だと思います。

私は、漢字の成り立ちや読み方書き方などについてはほとんど指導しません。指導するのは「望ましい学習の仕方」です。望ましい学習の仕方を知りさえすれば、子どもたちは家で自分の力で学習を進めることができるのです。そんな漢字の学習のポイントを、小学校に通うお子さんをもつ保護者にわかりやすく伝えるのが本書です。イラストを多く用い、文体もわかりやすく書いているので、高学年であればお子さん自身が読むこともできると思います。

本書を活用していただければ、年間２００日の漢字の家庭学習が大きく変わります。そして、お子さんたちの様子が「学校の漢字テストは余裕で満点！」「漢検だって受けてみたい！」「受験だって怖くない！」と変わり、効果を実感していただけるはずです。

※注1　ベネッセ教育総合研究所「小学生の漢字力に関する実態調査２０１３」…全国の公立小学校（21校）の2～6年生、公立中学校（17校）の1年生を対象に行われた。

目次

第1章

漢字嫌いな子はこうして生まれる

漢字学習のほとんどが家での学習に任されている!?

「はじめに」でも述べましたが、小学校では漢字の宿題がほぼ毎日出されています。なぜそんなに多くのクラスで漢字が宿題として出されるかと言えば、授業時数に比べて1年間に学習する漢字の数が多すぎるというのがその理由です。授業中に丁寧に漢字の練習をさせている時間などとてもないのです。

みなさんは小学校の間にどれくらいの数の漢字を学習するかご存じですか。なんと、6年間で1026文字もあるのです。内訳は、1年生（80字）・2年生（160字）・3年生（200字）・4年生（202字）・5年生（193字）・6年生（191字）となっています。1年生が少ないのは、漢字の他にひらがな、カタカナを学習するということもあるでしょう。

だいたいどの学年でも200字程度を学習するということになります。小学校に通う日にちが、1年間に200日間だとすれば、ほぼ「1日1文字」を学習すると言ってよいでしょう。

小学生は、これだけ多くの漢字を学習することになっているのです。

もちろん、漢字指導は国語の授業で行われるべきものです。しかし、国語の授業では漢字だけでなく、物語・説明文・書くこと・話すことや聞くことなどの指導も行わなくてはなりません。ですから、授業だけでは指導しきれず、「漢字練習は宿題で」とされているのが実情です。これは、だれが決めたというわけでもなく、そうなってしまっており、私のような一教師があがいても変えられぬ事実なのです。

であるならば、子どもたちの漢字力は、（ほぼ）家での学習次第である、とも言えます。漢字学習のほとんどが家での学習に任されているからこそ、家庭学習の質を高めていくことができれば、子どもたちの漢字力は飛躍的に高まっていくのです。

学年が上がるごとに漢字嫌いになっていく子どもたち

私はこれまで小学校に勤務していて、たくさんの子どもたちと接してきましたが、どのクラスにも「漢字学習が嫌いだ」という子は一定数いました。それもクラスに一人や二人ではありません。決して少なくない数の子どもたちが「漢字嫌い」でした。子どもはいったん「漢字が嫌い、苦手！」という状態になってしまうと、当然のことですが、家での漢字学習に熱心に取り組みません。すると、漢字の力がつかず、学校のテストでも点が取れないので、ますます漢字嫌いに拍車がかかっていきます。

「漢字嫌いの子」はこうして育ちます。

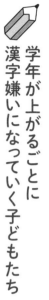

少し前のデータになりますが、子どもたちに「漢字学習が好きか嫌いか」をアンケートで調べた研究結果[※注2]（島村直己／１９８９）があります。

そこでは、小学2年生、4年生、6年生に対して「漢字の勉強は好きですか」という質問をしています。その結果、2年生では、「好き」と答えた子が53%だったのに対し、４年生は27％、６年生では15％に留まっています。それに対し、「嫌い」と答えた子は、２年生で７％、４年生では15％、６年生では28％と増加しています（下のグラフ参照）。学年が上がるにつれて、漢字に苦手意識をもつ子どもが増えていくということがわかります。

このデータと私の学校現場での経験を照らし合わせてみると、低学年のうちは漢字学習がまだ目新しく、学習する漢字も比較的簡単なものが多いので、どの子も楽しく学習できていたのが、学年を重ねるごとに漢字学習自体に飽きてしまったり、漢字が複雑になってつまずいたりして、漢字嫌いな子どもが増えていくと考えられます。

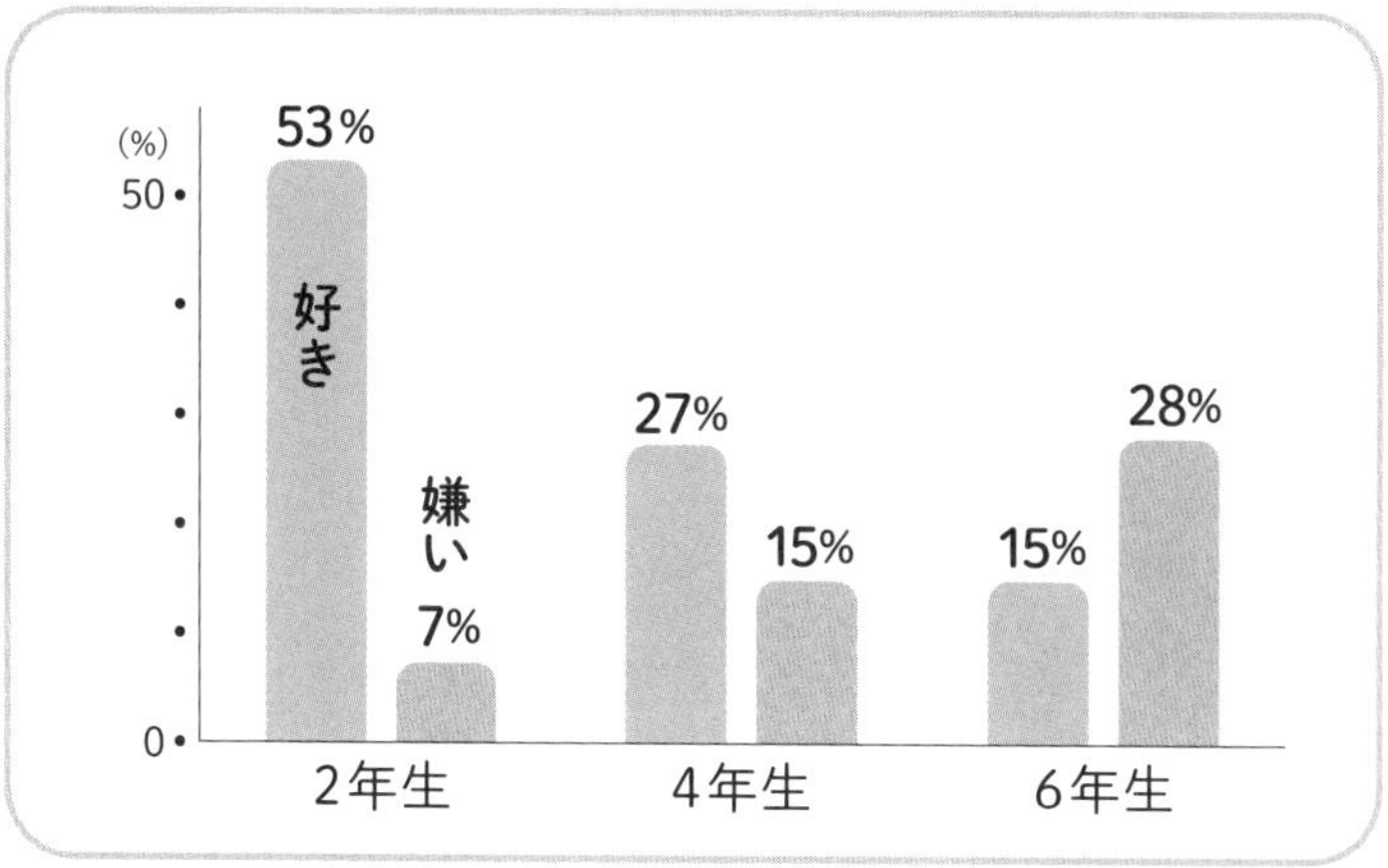

「漢字学習が好きか嫌いか」アンケート調査（島村直己／1989）

クラスに何人もいる!? ニセ「漢字が得意な子」

さらに、「漢字が好き」「漢字が得意」と考えている子どもたちの中にも、実は問題がある場合があります。それは、漢字テストで書けるだけで、漢字を「使いこなせる」というところまで力を伸ばせていないということです。

一般的に、「漢字が得意」という子は、学校のテストで100点ないし高得点が取れる子でしょう。しかし、学校の漢字テストは、ほとんどが問題を予告され、子どもが家でそれに向けた練習をした上で行われます。そこで問題に答えて漢字が書けたからと言っても、それは漢字を使いこなせる、ということではないのです。

例えば、「ギ論」という漢字の書き取りのテスト問題を予告された上で、「明日テストを行う」と言われたら、子どもはどうするでしょうか。

十中八九ノートに「議論議論議論…」と出題される漢字を書いて練習する以上のことはしません。つまり、予告されたテストでは、その漢字の他の使い方に目が向きにくいのです。

こうしたテストで１００点を連発している子は、きっと「自分は漢字が得意だ」と思うでしょう。しかしながら、その子たちに本当に漢字力がついているとは言いがたいのです。つまり、そのような子どもたちは実は、ニセ「漢字が得意な子」なのです。

こういう子たちは、抜き打ちで50問テストなどを受けると、お手上げになります。普段の小テストでは満点連発なのにもかかわらず、です（一般に学校で行われる漢字テストには2種類あります。一つは、一般的に週1回程度行われ、その週に学習した漢字から10問程度が出題され

る漢字小テストで、もう一つが、「50問テスト」などとして、学期末や年度末に広範囲からまとめて出題されるテストです）。

そして、学習した漢字について、小テストでは読み書きできるにもかかわらず、作文など文章を書く時には漢字を使うことができません。なぜなら、テストで出題される形以外では、その漢字の用例を知らないからです。もし子どもが学校での漢字テストでは比較的よい点が取れているのに、「ひらがなだらけ」の作文を書いていたとしたら、その子はこのようなニセ「漢字が得意な子」だと言えるでしょう。

私の経験では、ニセ「漢字が得意な子」は、クラスの中にかなり多くいます。というより、一般的な漢字指導を受けてきた子どもたちの中で、自分が「漢字が得意」だと思っている子のほとんどは、ニセ「漢字が得意な子」だとすら感じています。予告されたテストで読み書きができるだけで、漢字を使いこなし、語彙を身につけるという、本来、漢字学習で身につけていかなくてはいけないことができていないのです。

このように、漢字嫌いの子たちはもちろん、漢字が得意だと思っている子にも課題はあるのです。子どもたちの漢字学習は、実は課題が山積みなのです。

漢字の指導方法は教師によって違う？

そんな、「課題が山積み」の漢字学習であるにもかかわらず、先述のとおり、学校では漢字指導を丁寧に行う時間がない（実は、その時間があったとしても恐らく成果に大差はないのですが、この話は置いておくとしましょう）ため、実質的には家での学習にそのほとんどが任されている状態なのです。これは由々しき事態です。

ただ、「家庭での学習に任されている」と言っても、学校現場で漢字指導がまったくなされていないというわけではありません。「家でやってくるように」と指示するにしても、そのやり方の指導はされているわけです。

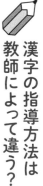

それでは、学校現場ではどのような漢字指導が行われているのでしょうか。結論から言うと、細かい点は「教師によってバラバラ」ですが、大枠で見ると「だいたい同じ」と言えます。

「えっ？　どういうこと？」と思われる方もいらっしゃるでしょう。つまり、我々教育現場の者から見れば、細かな指導法の違いは多々あるのですが、外部の目から見たり大枠で見たりすると、教師による違いはほとんどないということです。

学校現場でどのように漢字指導が行われているかを調査した研究（高橋純、長勢美里、中沢美仁、山口直人、堀田龍也「教員の経験年数や漢字指導法が児童の漢字読み書きの正答率に及ぼす影響」という研究／2015年）によれば、「漢字指導について統一された方法はなく、各教師の経験に基づいている」ということです。つまり、教育現場において「漢字指導はこうやりましょう」という決まりはないということなのです。これは、細かく見ていくと、指導方法は各教師の経験にゆだねられているということです。

先述の研究では、「ドリルのチェックシールを貼る」とか「ドリルの使い方を伝える」「腕をピンと伸ばして空書きさせる」など、かなり細かい項目で漢字指導について分析がされていますが、このレベルで細かく見ると、「漢字指導について統一された方法はなかった」というのが結論のようです。つまり、このような非常に細かい違いに目を向けると、教師一人ひとりによって漢字の指導法は異なっているということです。

一方、もっと俯瞰《ふかん》した見方をすれば、それぞれの指導法にほとんど違いはありません。例えば、「漢字ドリルを使う」ということは、ほぼ全国共通に行われていると言ってよいでしょう。また、「漢字練習ノートを使う」ということや「漢字の小テストやまとめ（漢字50問テストなど）を行う」ということも、ほぼ全国共通と言えるでしょう。教師によって微妙に違いがあるのは、これら「ドリル」「ノート」「テスト」の行い方、進め方においてです。

「統一された方法がない」というのは、これらを使う教師もいれば使わない教師もいるということではなく、これらを使うことは「前提」「基本」とした上で、その「使い方」が微妙に違う、ということです。

私が公立小学校に勤務してきた中で、

これらをまったく「使わない」という教師に出会ったことがありません。よって、この本をお読みの方々のお子さんも、教師によって「使い方」に微妙な差はあるかもしれませんが、**必ず「ドリル」や「ノート」などを使っている、もしくは使うことになる**と言ってよいでしょう。

子どもの漢字力は教師の経験年数とは無関係

さらに、先述の研究結果（P.18）では、学校での漢字指導の実態に関して興味深いデータを示しています。それは、「子どもたちの漢字の読み書きの正答率は、教師の経験年数と関係が見られなかった」ということです。つまり、ベテランの教師でも初任者の教師でも、指導した子どもたちの漢字の読み書きの正答率はほとんど変わらなかったのです。

だとすれば、学校でどのように指導されても、子どもたちの漢字力はあまり変わら

ないということになります。これは、先に述べたように、「学校で漢字指導を丁寧に行っている時間はない」ということとも関連しているでしょう。指導する時間が十分に取れなければ、教師がベテランであろうと初任者であろうと、学校での指導だけではあまり差がつかないのは当然のことです。

先に、漢字は基本的には「ドリル」と「ノート」を使って学習することになると述べましたが、それと併せて考えると、やはり**家でドリルやノートを使って行う学習の質をいかに高めていくか**ということを考えるのは非常に重要だと気づかされます。

現在、公立小学校に勤める私も、ご多分に漏れず、教室で丁寧に漢字を１字１字教える時間は取れていません。ですから、漢字の成り立ちや読み方書き方などについてはほとんど指導しません。指導するのは「望ましい学習の仕方」です。望ましい学習の仕方を知りさえすれば、子どもたちは家で自分の力で、適切に学習を進めることができるのです。

事実、私のクラスでは、そのような指導を行った結果、毎年学年末に行う漢字50問テストを抜き打ち（初見問題、予告なし）で行っても、子どもたちの平均点がいつも90点を超えるようになりました。時には95点を超え、ほぼ全員が１００点か1問間違いということもあります。

このように、漢字が定着するのは、教室で私が1文字1文字丁寧に指導しているからではなく、子どもたちが漢字学習を「自主的」かつ「効果的」に進めているからなのです。

本書では、そのような「自主的」「効果的」な学習を家庭でどのように進めればよいかを紹介していきます。その具体的方法に関しては、3章以降で詳しく紹介していきます。

小学生は家でどのくらい漢字学習を行っているのか

もう少し、子どもたちの漢字学習の現状について見ていきましょう。読者のみなさんは、子どもたちは小学生になると、どれくらい家で漢字学習をすることになると思われますか。

私の小学校教師としての経験と周りの先生方の様子を見てきた感覚では、子どもたちは漢字学習を「ほぼ毎日」宿題として課されます。先にも述べたように、小学校の授業日数は２００日ほどですから、１年３６５日のうち約２００日は、宿題として家で漢字学習をしていると言えるでしょう。小学生が最も多くの時間をかけて宿題として取り組むものが漢字学習である、と言っても過言ではありません。

「ほぼ毎日」家で漢字学習をする、そんな日々が、１年生の後半に漢字を学習し始めてから小学校の６年間を通してずっと続きます。６年間合わせれば、優に１０００日以上は家で漢字を学習することになるでしょう。

このように毎日毎日行う学習なので、マンネリ化もしやすく、「漢字学習が嫌い」となり、「ただノートのマスを埋める」「作業のような学習」「ただこなすだけ」「いい加減に取り組む」というような学習状況に陥っている子どもも少なくないのです。しかし、小学1年生から、毎年200日ほど、6年間で1000日以上も家で漢字学習に取り組むのであれば、その「質」は高いほうがよいに決まっています。

そんなに毎日漢字なんてやらなくていいのではないかと思われる方も少なくないでしょう。しかし、残念ながら学校で「宿題」として課されると、子どもは基本的にはそれをやらなくてはいけなくなります。どうせやらなくてはいけないのであれば、家で

の漢字学習の「質」を高めることに力を注ぐほうが得策です。

漢字学習は、ただの「作業」「苦行」というイメージを強くもたれがちですが、本当は子どもの語彙力を高める有益な学習です。年間２００日の家庭学習の質を高めることは、ほぼイコールでお子さんの学力を高めることに他なりません。

学習時間のわりに定着度が低いという現実

さて、それくらい毎日家で学習させられている漢字ですが、子どもたちにどれくらい力がついているのでしょうか。

「はじめに」（P.3）でも紹介したように、ベネッセ教育総合研究所「小学生の漢字力に関する実態調査２０１３」によれば、**全学年の平均正答率は59・０％**という結果が出ました。

この調査は、学年ごとに配当されている漢字を、次の学年の子どもたちがどれくらい読み書きできるかを調べたものです。つまり、2年生で学習する漢字であれば3年生に対して、3年生で学習する漢字であれば4年生に対して出題したということです。なぜ1学年前の漢字を出題するのか？　前の学年の問題なら、現在の学年で学習する漢字よりも正答率が高くなるのではないかと思われる方もいると思いますので、少し解説をしたいと思います。

1学年前に学習した漢字を出題するのは、学習指導要領[※注3]で「配当漢字については、読みをその学年で、書きを次年度までに」という旨のことが書かれているからです。書きの習得のほうが時間がかかるため、このような規定がされています。

そのような背景で、今の学年よりも1学年前の漢字を書けるかどうかを調査した結果、全学年の正答率は「59・0％」だったのです。

全学年の結果の詳細は、次ページの表のとおりです（ベネッセ教育総合研究所ホームページより）。2年生は61・5％、3年生は60・9％、4年生は57・1％、5年生は58・2％、6年生は56・4％、中学1年生は61・6％となっています。これを「低い」と思うか「高い」と思うかは、人それぞれだと思います。しかし、毎日毎日家で漢字学習に取り組んでいるのにもかかわらず、１年前に学習した漢字を59％しか書けないというのは、一般的に考えると、「低い」と捉えるのが妥当ではないでしょうか。

「本当に59％？　本当はもっと書けるんじゃない？」と思われる方もいらっしゃるかもしれません。しかし、私の現場経験からの感覚では、これは実態に即した数字だと思っています。

この調査では、出題漢字はもちろん予告していません。そのため、前年度に学習した漢字をランダムに出題しています。つまり、「抜き打ち」でテストしているわけです。

先述のように、漢字が苦手な子どもは、クラスの中に少なくありません。また、一般的な漢字指導を受けている子どもたちは、抜き打ちテストではなかなか漢字を書けません。予告ありの小テストでは満点連発で、一見「漢字が得

	全体	小2生	小3生	小4生	小5生	小6生	中1生
正答率	59.0%	61.5	60.9	57.1	58.2	56.4	61.6
誤答率	25.2%	21.5	25.5	25.5	24.8	26.8	25.9
無答率	15.7%	16.9	13.6	17.4	16.9	16.9	12.5

漢字の正答率・誤答率・無答率（全体、平均、2013年）

「小学生の漢字力に関する実態調査2013」（ベネッセ教育総合研究所）

※「小2生」は１年生で学習する漢字 の結果、
「中1生」は６年生で学習する漢字 の結果を示している。他の学年も同様。

意」という子でも抜き打ちテストではあまり書けないのです。

このような背景から、59％という結果について、私は妥当な数字だと思っています。これまで、多くの先生方を対象に漢字指導の講座を行ってきましたが、その際、この数字をいつも先生方にご紹介しています。そして、「この数字、先生方の教室の子どもたちの姿と照らし合わせて考えると、妥当だと思いますか。それとも違うと思いますか」と尋ねることがあります。すると、ほとんどの先生方が「妥当」だとおっしゃいます。

このように、毎日毎日漢字の宿題を行っているのにもかかわらず、その成果は芳しくないのが実状なのです。

漢字の定着率は59％
抜き打ちテストでは…
ガーン
予告ありの小テスト
60
100

漢字学習は　どのように行われているのか

小学校に入ると、子どもたちは具体的にどのような流れで漢字学習をこなしていくことになるのでしょうか。ここで改めて漢字学習の実際の流れをまとめ、その後、課題点を挙げていこうと思います。ここでは、「一般的な」漢字指導を受けた場合の子どもたちの漢字学習を「大枠」で見てまとめていきます。先述のとおり、教師によって細かい差異はあると思いますが、あくまで「大枠」で見たら、次のような流れに集約されるでしょう。

【一般的な漢字学習の流れ】

❶教師から漢字ドリルや漢字の練習ノートの使い方を指導される。

←

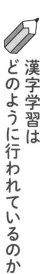

❷授業中に新出漢字を1日に1~2文字ほど指導される（通常、低学年では指導されるが、中学年~高学年では授業中に指導しない場合も多い）。ドリルを授業中に進める。終わらない場合は宿題（中学年~高学年はすべて宿題という場合も多い）。

←

❸家でドリルの続きをする。また、練習ノートに教師から指導された形式で練習する。

←

❹5~10文字ほど学習が進むと、小テストが予告され、その練習を家で行う。

←

❺学校で小テストを行う。（以下❷から❺の繰り返し）

←

❻学期末や年度末に50問テストを行う（事前に出題する漢字が伝えられ、練習を宿題として行うよう指示する先生が多い）。

このような流れで、新出漢字約２００文字が終了するまで進められます。

授業中に新出漢字を指導するかどうか、ドリルを学校で行うかどうかなどは教師によって異なり、「ドリルも練習ノートもすべて宿題」という場合も少なくないでしょう。

しかし、大枠で捉えると、ここで示したとおり、多くのクラスでは、「ドリル」→「練習ノート」→「小テスト」を繰り返し、新出漢字を塗りつぶすように学習していき、学期末や年度末に50問などのまとめのテストを行うという流れで、漢字学習が進められているのです。

漢字学習でありがちな課題とは

ここからは、一般的な漢字学習の流れの課題を挙げていきます。細かく見ていくと、問題点はたくさん存在するのですが、ここでは、代表的なものを三つ挙げます。

課題❶　読み書き同時に教えられる

一つ目は、「読み書き同時に教えられる」ことです。
一般的な漢字学習の流れでは、学校で漢字ドリルを使って新出漢字を指導されます。

そこでは、子どもたちは「はい、この漢字はこう読むよ。そして、こう書くよ。はい、みんなで書いてみよう。1、2、3、4…」と読みと書きを同時に指導されます。

これは、漢字が苦手な子にとっては、ハードルが高いことです。読みさえ知らなかったのに、いきなり書きを覚えることを求められるからです。もちろん、漢字が得意な子は、すでに読める場合も多いでしょうから、このハードルは低くなります。しかし、そうではない子にとっては、**読みと書きの二段構えの学習は、とてつもなく高いハードルになってしまうのです。**

課題❷ 一度やったら終わり

二つ目は、「一度学習したら終わりである」ことです。

一般的な漢字学習では、毎日1〜2文字ずつ、1年間かけて新出漢字約200字を学習し、間に小テストを挟みつつ進めていく流れになっています。

1年間で約200字を指導することになる教師の側から見ると、この進め方は理にかなっていると思います。1年間で学校に来るのは約200日であり、新出漢字を進めずに小テストを行う日もあるとすると、１日に１～２字くらいずつ進めていけば、悠々２００字を指導し終える見通しが立ちます。

一方、肝心の、漢字を学習する子どもたちの側から見ると、どうでしょうか。確かに、１年間で漢字を２００字学習することはできます。ただし、これはすべての漢字を「一度だけ」学習することができるということです。つまり、４月に学習する漢字は４月の宿題として課された日だけ、５月は５月のその日だけ…と、宿題として課された日だけ集中してドリルやノートで練習し学習するということです。

しかし、漢字は１日集中的に練習しただけでは忘れてしまいます。例えば、４月のある日に学習した漢字を、翌年の年度末の3月にしっかり覚えているかと言えば、それは不確かと言わざるを得ません。もちろん、物覚えのよい子は一度集中して練習すれば覚えていられるかもしれません。しかし、そうでない多くの子の場合、いくらその時に集中して練習し、一時的に覚えたとしても、時が経てば忘れてしまうのも不思議ではありません。また、そもそも漢字が得意で、最初からその字を読めていたり、普段からよく読書をしていて漢字に触れる機会が多い子だったりすれば、一度集中して練習するだけでずっと覚えていられるでしょうが、そうでない子は忘れてしまうことも多いでしょう。

どんなにがんばって練習しても、丁寧に字を書いて練習しても、その後その漢字に触れる機会がないと、時間が経てば忘れてしまうものなのです。それなのに、一般的な漢字学習の流れでは「一度学習したら終わり」となっていて、宿題として課された後はなかなかその漢字に触れる機会はありません。これも、多くの子どもたちが普段の小テストでは書けても、出題範囲が広範囲の「抜き打ち」テストではお手上げ、となる大きな原因の一つでしょう。大きな課題の一つです。

課題❸ 画一的である

三つ目は、「画一的である」ということです。

何が画一的かと言うと、練習の仕方やペースが、です。練習ノートに決められた形式でただ字を何度も書き連ねれば、漢字を覚えられ、使えるようになるということはありません。もしそうなら、漢字の定着率は、59%よりももっと高いはずです。それに、子どもたちも決められたことを決められたとおりにこなすだけでは飽きてしまいます。それよりも、もっと効率のよいやり方はないかなとか、こうやると漢字の使い方もたくさん覚えられるなどと、試行錯誤したほうが楽しく漢字学習に取り組めます。

また、子どもによってすでに知っている漢字の数には、大きな個人差があります。これまでどれくらい読書してきたかなどの経験が違うからです。それなのに、教師は「今日はこの字とこの字を練習してきなさい」と画一的にペースを決めて宿題を課します。すると、漢字を多く知っている子は、「この字はもう書けるのに。もっと他の字も学習したい」となりますし、漢字を全然知らない子は、「今日練習する字も昨日練習した字も初めて見たのに、いきなりこんなにたくさん書けるようにならないよ」となります。

つまり、1日1〜2字程度というのは、教師側のペースであり、子どもに適したペースとは限らないのです。子どもたちも、先生によってすべて決められたペースで学習するだけですから、「自分に適したペース」を知ったり、自分のペースを「調整」したりする機会がありません。このような**自分の学習を自分で調整する力**は、現在、重要視されており、学習指導要領に準じて作成された国立教育政策研究所の『「指導と評価の一体化」のための学習評価に関する参考資料』の内容は、「自己調整学習」の概念がかなり明確に反映されています。しかし、一般的な漢字学習では、この力が伸びにくいと言わざるを得ないでしょう。このように、画一的な漢字学習では、子どもたちが工夫することや自分の学習を調整することがしにくいのです。

※注2　島村直己「児童の漢字学習：アンケート調査の結果から」…1987年3月に東京都公立小学校（4校）の2・4・6年生を対象に調査し、『国立国語研究所報告』として1989年発表。
※注3　学校教育法などに基づいて、各学校で教育課程（カリキュラム）を編成する際の基準を、文部科学省が定めたもの。

第2章

漢字の学習はなぜ大切なのか

そもそも「漢字力」ってどんな力？

具体的な漢字学習の方法の紹介に入る前に、ここでいったん「漢字力とは何か」ということや、漢字学習をがんばると、どんなよいことがあるのかということに触れておきたいと思います。

まずは、「漢字力」とはどんな力なのかということについて考えてみましょう。

みなさんは「漢字力」と聞くと、どんな力や姿が思い浮かぶでしょうか。

- **漢字をたくさん書ける**
- **漢字だらけの文章もスラスラ読める**
- **漢字テストで高得点が取れる**
- **難しい漢字でも読めたり書けたりする**

などが思い浮かぶと思います。

これらは、漢字を読める力や書ける力に関わるものです。これらももちろん大切ですが、実は重要な要素が欠けているのです。それは何かということをお伝えするために、そもそも「漢字力」とは何かということを考えてみたいと思います。様々な文献に当たってみましたが、私は国語教育学者の千々岩弘一氏の論文※注4に紹介されている、次の分類が最もわかりやすいと考えています。

- **読字力（漢字の読み方を知り意味を措定《そてい》※する力）**
- **書字力（読みや意味に対応させて漢字を書写する力）**
- **運用力（語句の意味や文の脈絡に対応させて漢字を読んだり書いたりする力）**

※措定…定義すること

簡単に言えば、「読字力」とは「読める力」、「書字力」とは「書ける力」、「運用力」とは「使える力」です。

漢字を読め、漢字を書け、そして漢字を使えることで、「漢字力がある」と言えるのです。至極シンプルでわかりやすい分類であり、なおかつ本質的です。

見落としやすい漢字の「運用力」

しかし、我々教師を含めた大人、そして子どもたちにとってもこの三つの要素の中で圧倒的に意識が行きにくい力があります。

それは、「運用力」（使える力）です。我々はどうしても、漢字力が育っているかどうかを考える際、漢字を読めるかどうか、書けるかどうかばかりに気が行ってしまいます。漢字が読めるかどうかや書けるかどうかを確かめるのは簡単ですが、使いこなせるかどうかを確かめるのは難しいことだからです。

また、そもそも「漢字なんて読めて書ければよい」と捉えている人も少なくありません。そのような認識では、「漢字を使いこなせているか」という観点などはもちろうもありません。

学校のテストにおいても、基本的には、漢字を読む力と書く力しか測られません。先述のように、問題を予告された上でその漢字を書けさえすれば高得点が取れてしまい、「漢字力が高い」とされるのです。この場合の「漢字力が高い」は、正確に言えば、先生から予告された問題（用例）では、その漢字を書ける、というだけです。自分でその漢字を使いこなすことができるかどうかはまったくわからないのです。だからこそ、予告ありの普段の小テストでは高得点を連発するのに、抜き打ちテストでは書けなかったり、作文などではひらがなだらけになったりしてしまう現象が起こるのです。

抜き打ちテストで熟語の問題を出されたとします。例えば、「ギ論」の書き取りを出題されたとしましょう。この場合、いくら「議」という漢字を単体で「書ける」としても、「議論」という熟語、つまり「議」の使い道（用例）を知らなければ、「ギ」に「議」を当てて書くことはできません。

教師側も、子どもたちが予告ありのテストで書けていれば、「漢字力がある」と捉えがちです。教師でもそうなのですから、子どもたちもそのような捉え方になっていきます。「漢字なんて、予告ありのテストで出される漢字だけを覚えればいい」と、少し要領のよい子は思ってしまいます。テスト問題が予告され、そのとおり出題されるわけですから、前日に少し練習しておけば点が取れてしまうからです。

そういう子たちの漢字学習は、そのゴールが「読む」と「書く」に留められています。漢字を学ぶのは、読めて書けるようになるため、ひいてはテストで点を取れるようにするため、という状態になっているということです。つまり、その先の「運用力」をつけるところまで行っていないのです。

このように、見落とされがちな「運用力」ですが、この力を高めることこそ、最も重要な漢字学習の目的とも言えるのです。

これは、冷静になって考えれば当たり前のことです。漢字を学習するのは、読めて書けるようになるためだけではありません。ましてやテストで点を取れるようにするためでは決してありません。結局のところ、漢字を使いこなして、自分の考えを表現したり、文章を書けるようになったりしてこそ、本当に「漢字力」が高いと言えるのです。

ですから、漢字力のうちの重要な要素の一

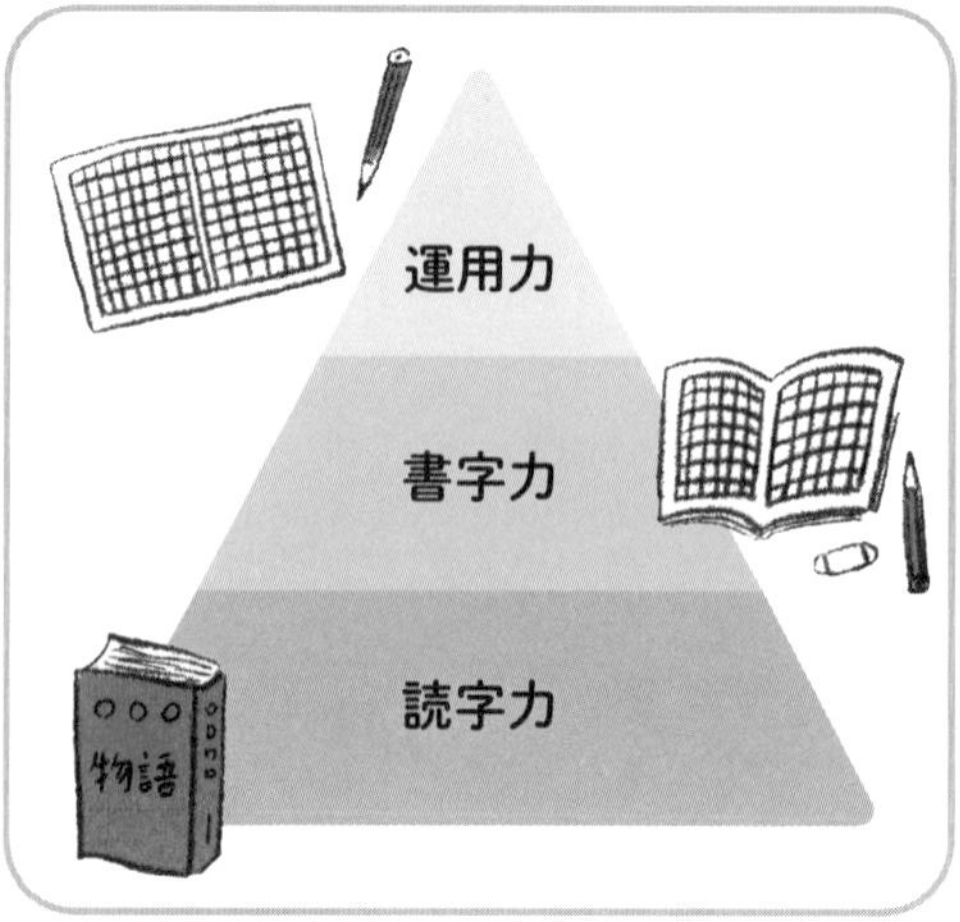

漢字力の3要素

つ、「運用力」が見落とされている状況では、子どもたちの漢字学習は、低次元に留められていると言わざるを得ないのです。これからは子どもたちの漢字学習を、「運用力」が育っているか、という観点で考えるようにしていきましょう。そうすれば、漢字学習が大きく変わります。

漢字学習はなぜ必要なのか

現行の学習指導要領では、「主体的・対話的で深い学び[※注5]」が重視されています。そのような学びがこれからを生きる子どもたちに必要だとされているからです。

「漢字学習」と聞くと、「何度も何度も機械的に漢字を書くだけ」など、「主体的・対話的で深い学び」とは程遠いような印象をもつ方も多いでしょう。また、現代では、パソコンやスマートフォンの普及により、漢字を手書きする機会は急減しています。今さら漢字学習に熱心に取り組む必要性は薄い、と感じる方も多いことでしょう。しかし、このように感じるのは、漢字学習を「読めて、書ければよい」と捉えているからなのです。実は、「運用力」、つまり「使いこなす」ということまで視野を広げて漢字学習を捉え直せば、その大きな意義が見えてきます。ここでは、漢字学習の意義について考えておきましょう。

漢字学習の意義は、次の棚橋尚子氏の言葉にわかりやすくまとめられていると私は考えています。棚橋尚子氏の論文（２０１５）[※注6]から引用します。

漢字の習得は国語科のみならず全教科、学問の内容理解とも大きく関わるため、漢字仮名交じり表記を採用する日本においては学力の根幹といっても過言ではない。

この言葉をもとに、漢字学習の意義を、「子どもたちの学校での学習における意義」と、「子どもたちが生きていく上での意義」の二つの観点からさらに掘り下げて解説していきたいと思います。

【意義その１】
学力の根幹であること

前述の棚橋氏は、漢字の習得を「学力の根幹といっても過言ではない」と述べています。私は、この言に心から賛成します。

多くの子どもたちを見てきた私の経験では、漢字力が高い子は、概ねその他の学力も高かったと言えます。逆に、漢字が苦手な子の多くは、その他の学習でもつまずいている場合が多かったのも事実です。

漢字力は文字どおり、学力の「根幹」と言えるのです。

漢字を扱うのはもちろん国語科です。国語科では「話す・聞く」「読む」「書く」という言語活動の指導が行われます。ただし、それらを支えるのはひらがな及び漢字を正確に読め、書けるという基礎的な知識・技能です。これらの力が脆弱《ぜいじゃく》であれば、国語科の力を高めていけるはずがありません。

そして、漢字習得は、国語科において重要だからという理由のみで、重要視されるのではありません。漢字仮名交じり表記の日本では、漢字は全教科の内容理解に大きく関わり、学力の根幹であるため重要視すべきなのです。

国語科以外の教科でも、漢字をまったく扱わないということはないはずです。例えば、社会科の学習で資料を読み取り、まとめる活動を行う時、漢字を読み書きできなければ、その活動を行うのは非常に困難になるのは想像にかたくないでしょう。

「主体的・対話的で深い学び」も、基本的には漢字仮名交じり表記の文章を読み取れ、書けないと成立させるのは非常に難しいでしょう。

このように、子どもたちに、しっかり漢字の力をつけることは、他教科の学力を支えたり、「主体的・対話的で深い学び」を成立させたりするために不可欠な「学力の根幹」を育てることになるのです。漢字力は、見えにくいものですが、本当に広範囲に子どもたちの学力に影響を与えているのです。

もしかしたら、今学校の勉強につまずいていたり、

自信や学習意欲を失っていたりする子どもも、もともとの原因は漢字のつまずきにあるのかもしれません。最初は漢字だけのつまずきであったとしても、それが原因で他教科の学力も上がっていかないような状況になると、結果的に、何が原因だったのかがわからなくなります。「まさか、漢字が原因だったなんて…」ということも十分あり得ます。まさに漢字力は、学校で求められる「学力」の中枢を占めていると言っても過言でないほど、重要な力なのです。

【意義その2】生きていく上で欠かせない

漢字の習得は、学校で求められる学力全般の根幹であるだけでなく、子どもたちが生きていく上で欠かせないことでもあります。

再びP.44で紹介した棚橋氏の言葉に目を向けます。その中に、「漢字仮名交じり表記を採用する日本において」という言葉があります。

ご存じのとおり、日本語は、仮名（ひらがな、カタカナ）と漢字を交えながら用いて表記されます。今お読みいただいているこの本も、新聞も、インターネットの記事も、公的な手続きの手引きも、すべて漢字仮名交じり表記が用いられています。このような日本語において、もしも漢字を読み書きできなければ、子どもたちにとって、今後生きていく上で非常に不利になることは想像にかたくありません。日本で生きていこうとすれば、漢字の読み書き（特に読み）ができる力は欠かせないのです。

さらに、日本語を読む上で漢字から意味を読み取れることは、理解を大きく助けます。我々は、漢字仮名交じり表記の文章を読む時、知らず知らずのうちに、漢字から意味を捉えています。例えば、前段落の文章の一部を、すべてひらがなで示してみます。一度試しに読んでみてください。

ごぞんじのとおり、にほんごは、かな（ひらがな、かたかな）とかんじをまじえながらもちいてひょうきされます。いまおよみいただいているこのほんも、しんぶんも、いんたーねっとのきじも、こうてきなてつづきのてびきも、すべてかんじかなまじりひょうきがもちいられています。

いかがですか。急に読みにくくなったと思います。また、それに伴って、意味も取りにくくなったことでしょう。我々は、漢字仮名交じり表記を読むにあたって、知らないうちに自身の漢字力を発揮し、**漢字から瞬時に音だけでなく意味も捉えている**のです。

その背景をもう少し詳しく説明しましょう。それは、漢字が、「音」を表すだけでなく、「意味」をもつ文字だということに起因します。

仮名は1字1字には意味がなく音のみを表しているので、「表音文字」と言います。ひらがなやカタカナを学ぶことは、自動車の部品を買うようなものであり、それ一つを買うだけでは意味をなしません。他の部品と組み合わせることで、ようやく語となり、意味をなす言葉になっていくのです。

一方、**漢字は1字が1語を表している「表語文字」であると言われます**（1字が意味や概念を表す「表意文字」であるとする説もある）。漢字は、文字自体に意味があり、それ自体が「語」だと言えるのです。つまり、漢字を習得するということは、それ自体が、いきなり1台の自動車を得るようなものということになります。

ですから、漢字を知っている、読める、理解できるということは、ほぼイコールで、その言葉を知っている、読める、理解できるということになるのです。漢字仮名交じり表記の文章を読んでいる時は、漢字やその組み合わせである熟語から、瞬時にその「意味」も取りながら読んでいることになるのです。

漢字がただの文字ではなく意味をもつ「語」であるということは、すなわち、知っていても使いこなせる漢字が少ないと、その子がもっている「語」も少ないということになります。それはその子にとって大きな損失になります。語彙力の低下は、思考力の低下を招くからです。

我々日本人は、一般的に母語である日本語を用いて考えています。夕食に何を食べるかということから、仕事や学問まで、基本的には何か考える時には頭の中で「これはこういうことかな、具体的には…」などと日本語を用いて考えています。この場合、「具体的」という語を知っているから、その人は意識的に物事を「具体的」に考えることができるわけです。

もしも「具体的」という言葉を知らなければ、そういう観点や物の見方自体がその人にないことになります。これは、物事を考える上で大きな損失になります。つまり、

漢字は読めて、書けて、
使いこなせることが大切
運動会の作文、
ここで「教訓」という
語が使えるな

思考力が圧倒的に育ちにくいのです。こういう例は、他にも無数にあります。例えば、「演繹《えんえき》」「帰納《きのう》」などの言葉も同じです。これらの語を知っていれば、そういう視点で物事を考えることができますが、語自体を知らなければそのような思考もしにくいというわけです。漢字自体が「語」であり、漢字を知っていて使いこなせる力は語彙力につながり、ひいては思考力にもつながる、というのはこのような背景があります。

　そして、漢字自体が「語」であるからこそ、それを読めて書けるだけでなく「使い

こなせる」ということ、つまり「運用力」が重要となってくるのです。単なる文字ではなく「語」なのですから、その意味を知り適切に使えてこそ、本当にその「語」に精通していると言えます。ですから、私は先ほどから「運用力」を見落としてはいけない、「運用力」に目を向ければ漢字学習の意義が見えてくると再三述べていたのです。

このように、子どもたちが漢字を学ぶことは、漢字仮名交じり表記を用いる我が国日本で生きていく上で欠かせません。また、子どもたちの語彙力や思考力の発達にも大きく関わってもいるのです。

漢字習得のステップを知ろう

ここまで繰り返し述べてきたように、漢字を学習することは、語彙力を伸ばすことにもつながります。これを念頭に置いて漢字学習を見つめ直すと、その本当の意義や力を入れて学習すべきことが見えてきます。

漢字自体が「語」であることを踏まえた上で、「運用力」を伸ばすことを視野に入れて学習していくことで、漢字学習が単に「漢字を読めたり書けたりするようになるためのもの」から、「漢字を通して語彙を増やし、思考力を高めるための基礎を養うもの」へと進化するのです。

これらの考察を生かして、私なりに考えた「漢字習得のステップ」が次のとおりです。

【漢字習得のステップ】

❶見慣れる
❷読める
❸だいたいの形がわかり、書ける
❹とめ・はね・はらいなど正確な形がわかり、書ける
❺様々な使い方を知っている
❻自分が作文を書く時などに自在に使いこなせる

❶〜❹：「文字学習」の段階
❺〜❻：「語彙学習」の段階

漢字学習においては、大きく分けて二つの段階があります。

一つは、文字を書けるようになることが目的の「文字学習」の段階、もう一つが文字を使えるようになることが目的の「語彙学習」の段階です。

先に述べたように、漢字という文字は、音を表すだけでなく、意味も含みます。1字で1語に対応しているからです。そして、なおかつ組み合わさって熟語となることで、新たな意味を生み出します。そのため、漢字を学習するということは、文字を習得すると同時に、語彙を習得するということになるのです。

今、教育現場ではこの二つの面のうち「文字学習」の面ばかりが重視されており、漢字テストで試されるのは、主に「書けるかどうか」ということです。正しく使えるかどうか、ということはあまり試されません。このことからも、「文字学習」が重視されていることがよくわかると思います。「語彙学習」まで手が回っていない、と捉えるのが正しいかもしれません。だからこそ、「語彙学習」の段階まで目を向けていくことで、漢字学習が一気にレベルアップし、有意義なものになると言えます。

さて、次に「漢字学習」のそれぞれのステップを詳しく見ていきましょう。

最初のステップは「見慣れる」です。「あれ？『読める』がくるのではないか」と思った方も多いかもしれませんが、まずは見慣れていて、漢字を目にしたら、「あぁ、見たことあるな」と思うくらいに親しみがあるところが最初のステップです。

第２のステップは「読める」です。この段階は、漢字を目にしたら、その読みが思い浮かぶ、文章に書いてある漢字を難なく読めるというようなことを表します。

第３のステップは「だいたいの形がわかり、書ける」です。この段階は、漢字を見慣れていて、読め、さらにぼんやりとだいたいの形を書けるようなことを表します。いきなり正確に書ける必要はないのです。

第４のステップは「正確な形がわかり、書ける」です。この段階では、漢字のとめ・はね・はらいなど細かい部分まで注目していて、それを再現できる（書ける）ことが求められます。この段階までが「文字学習」のレベルです。

その上にくる第５のステップが「様々な使い方を知っている」です。この段階では、漢字の使い方、つまり熟語などをいくつか「知っている」というレベルです。例えば、「議」という漢字なら、「議題」「議論」「論議」などという言葉を「知っている」というレベルです。

最後の第6のステップが「自分が作文を書く時などに自在に使いこなせる」です。この段階では、漢字の様々な使い方を知っていることに加え、その意味や微妙な違いなどを熟知し、自分が文章を書く時などに適切に使いこなせることを表します。

このように、漢字習得のステップを知っておけば、子どもたちの漢字力を的確に伸ばしていくことができます。とにかく、「文字学習」の段階に留めず、「語彙学習」の段階へと開いていくことが、「漢字学習」のカギとなります。

※注4　千々岩弘一「国語科教育における漢字指導の共有点とその源流」『日本語学』２０１５年４月臨時増刊号（第34巻第5号）明治書院
※注5　学習指導要領には、「主体的・対話的で深い学び」の視点に立った授業改善を行うことで、学校教育における質の高い学びを実現し、学習内容を深く理解し、資質・能力を身につけ、生涯にわたって能動的（アクティブ）に学び続けるようにすることが示されている。
※注6　棚橋尚子「学習方略を身につけさせることのできる漢字指導を目指して」『日本語学』２０１５年４月臨時増刊号（第34巻第5号）明治書院

第3章

土居式「漢字学習」成功のポイント

大前提として確認しておきたいこと

本章では、家庭での漢字学習の質を高めていくにあたって気を付けていくべきことや具体的な学習法について紹介していきます。

その前に、大前提として確認しておきたいことがあります。それは、担任の先生との向き合い方です。これから私が紹介する漢字の学習法は、もしかしたら担任の先生のやり方とは少し違うかもしれません。しかし、だからといって出される宿題をまったくやらない、担任の先生の指示に背くということではありません。そうしてしまうと、やはり無駄な軋轢《あつれき》を生むと思います。

子どもにとって、担任の先生との関係は重要です。担任の先生との関係がうまくいかなくなると、子どもにとって学校生活全体が苦しくなることも十分あり得ます。これまで述べてきたように漢字学習はとても重要ですが、学校生活が苦しくなってしまうようなことがあれば、この本の著者である私としては、それほど悲しいことはありません。

ですから、軋轢を生むのではなく、「うまくやる」ということを強く推奨します。担任の先生からの指導を受け、宿題はやりつつも、その「やり方」「取り組み方」を、本書を参考に少し工夫していくようにしましょう。

本書でこれから紹介する学習法は、基本的に学校で使う漢字ドリルやノートを用いるものです。それらの「使い方」を少し工夫して、漢字学習をより効率的で本質的にしていく方法をご紹介していきます。

担任の先生との関係性を崩さぬよう宿題を提出しつつ、少し取り組み方を工夫していく、そんなふうに「うまくやる」ということを念頭に置いてください。

漢字学習成功のポイント①

まずは「自分の学年」の漢字から始めよう

1年生ならまだしも、学年が上がってくると、漢字が苦手な子どもの保護者の方は、「どの学年の漢字から学習すべきか」という疑問をもたれると思います。

例えば、今までずっと漢字が苦手だった5年生の子どもが、今年から漢字学習をがんばろうと思っているとします。この場合、簡単な1年生の漢字から改めて学習していくべきなのか、それとも今の学年の5年生の漢字を学習すればよいのか、迷うこともあるでしょう。

私の答えは、「自分の学年」の漢字から始めていくべきということです。

すでに述べてきたように、子どもたちは学校で漢字小テストなどのたくさんの漢字テストを受けます。その結果の積み重ねで「自分は漢字が得意だ」と自信をもったり、「自分は漢字が苦手だ」と苦手意識をもったりしています。

漢字がずっと苦手だったという子であれば後者です。いつもいつも自分は漢字テストでよい点を取れず、苦手だと思い込んでいます。まずはこの状況を打破することが大切です。

そのためには、まず「自分の学年」の漢字学習から始めていき、学校での漢字テストで書けることが増えてくれば、苦手意識が払拭され、おのずと自信がついてきます。そういう状態になっていけば、これまでの学年で積み残した漢字も学習する気持ちが出てくるはずです。

一方、「自分の学年」の漢字ではなく前学年の漢字学習から始めてしまうと、なかなか学校のテストで結果を出せません。そうなると、子どもも「こんなにがんばっているのに」と思ってしまい、漢字学習への意欲を失うでしょう。

思い立った時が、ベストタイミングです。漢字学習をがんばろうと思った時、いったん過去のことは忘れて、その時点での「自分の学年」の漢字学習からがんばっていきましょう。徐々に自信がついてきて余裕も出てきたら、**前学年の積み残しにも手を出していく**、というスタイルでよいと私は思います。

漢字学習成功のポイント②

「読み」を先に覚えよう

「読み」と「書き」をいったん区別して考える

自分の学年の漢字を覚えていく際は、読みと書きをいったん区別して考え、読みを優先して、先に覚えていくようにしましょう。

そもそも、同じ人でも、「読める漢字」の数と「書ける漢字」の数が大きく違います。では、「読める漢字」の数と「書ける漢字」の数では、どちらが多いでしょうか。

普通に考えて、「読める漢字」のほうが「書ける漢字」よりも圧倒的に多いものです。大人でも、「薔薇」と書ける人は少ないでしょうが、読める人は多いと思います。子どもたちももちろん同様です。読める漢字のほうが多く、書ける漢字のほうが少ないのです。

そして、これも当然のことですが、「読めない漢字」よりも「読める漢字」のほうが、

圧倒的に「書ける」ようになりやすいのです。

効果的な学習をしていくためには、子どもたちが今もっているものを生かしていくことが大切です。そのようなことをまったく踏まえずに教えていくことで、難しすぎて子どもたちがやる気を失ったり、逆に簡単すぎて飽きてしまったりすることが生じます。これは、漢字学習においても同様です。

P.53の「漢字習得のステップ」をご覧いただければわかりやすいと思いますが、漢字が苦手な子にとって、新しく学ぶ漢字は「書ける」はおろか、「読める」という段階にすらなく、「見慣れ」てもいません。私たち大人からすれば、まったく触れたこと

のない外国語の文字（アラビア文字などでイメージしてみてください）を見せられているような感覚です。それなのに、いきなり「読み」を教えられ、「書き」も教えられてしまうのです。これでは難しすぎて、子どもたちが意欲を失っても不思議ではないでしょう。

ですから、まずはいきなり新しい漢字を「書ける」ようにさせようとするのではなく、十分「見慣れ」、「読める」ようになることを目指していくほうがよいのです。読めるようになりさえすれば、やがて「書き」も習得していくことができます。

それに、少し極端な話をすれば、漢字を書く機会の減ってきた現代社会では、書くことがどうしても難しい場合は、読めさえすれば、何とか生活していくことはできるでしょう。しかし、読むこともできないとなると、生活さえもかなり厳しくなってきます。ですから、まずは、漢字が苦手な子ほど、特に「読み」を優先して学習していくようにしましょう。

このように、漢字習得を考えていくにあたり、「読み」と「書き」とは区別して考えていくことが重要なのです。そして、「読み」の学習を優先していきましょう。

いきなり書けなくても焦る必要はない

繰り返しになりますが、漢字を学習する時、いきなり「書ける」ようにならなくても大丈夫です。書けるようになるのは、漢字を見慣れて、読めるようになってからです。まずは、十分見慣れて、読めるようになることを目指していきましょう。もちろん、すでに読めているような漢字は、書けるように練習していけばよいのです。あえて「読める」という段階に留める必要はありません。

私が言いたいのは、見慣れておらず読めもしないのに、いきなり「書ける」状態を目指さなくてもよい、ということです。とにかく書けなければいけない、と考えてしまうと、子どもたちにとって、特に漢字が苦手な子どもにとって、漢字学習が難しく、嫌なものになってしまいがちです。

最初は、書けるかどうかをあまり気にせずに、子どもたちが漢字をたくさん見慣れ、読めるようにしていきましょう。子どもたちの学習を見守る保護者の方も、焦らずに、お子さんが漢字を「書けているか」よりも「読めているか」を見ていくようにしてあげてください。まずはそこが最初の大きな一歩になります。

漢字ドリルの音読で漢字がどんどん読めるようになる

漢字を読めるようになるためには、たくさん本を読むことが最も効果的です。しかし、漢字が苦手な子は普段からあまり読書をしない傾向があります。普段からあまり読書をせず、漢字を見慣れていないからこそ、漢字が苦手になっているのだとも言えます。

だからと言って、普段読書をしない子どもが読書だけで漢字力を伸ばそうとしても、手にした本に自分の学年で学習する漢字が出てくるかどうかはわかりませんので、急に漢字力を伸ばすことは難しいでしょう。子どもたちに自分の学年の漢字を、読書のみで習得させるのは、非効率だと言えます。

そこで、学校で配られる漢字ドリルを活用します。漢字ドリルであれば、普段から読書をしない子も学校で渡されているので必ず持っています。また、漢字ドリルは基本的に教科書に準拠しているので、自分の学年で学習する漢字が網羅されています。自分の学年の漢字を学習する際には、非常に効率的に学習できる教材なのです。

さて、私を含め、この本をお読みの方々もきっと漢字ドリルを小学生のころに使っていらしたことと思います。そして、漢字ドリルは、「書くもの」という印象を強くおもちなのではないでしょうか。実は教師である私自身も、そう思っていました。小学校で子どもたちに指導していて、漢字ドリルは「書かせるもの」という固定観念をもっていたのです。

しかし、ある時、漢字が苦手な子の多くはそもそも読めていないということに気づいた私は、クラスの子どもたちに漢字ドリルを読ませてみることにしました。すると、漢字が苦手だった子どもたちも漢字を見慣れ、読めるようになっていき、やがて漢字を書けるようになっていきました。

こういった背景があり、私はまず子どもたちに漢字ドリルを音読させるようにしています。自分の学年で学習する漢字が集められており、さらにその用例や例文まで書かれている漢字ドリルは、自分の学年の漢字の読みを習得する上で非常に効率的なのです。

漢字ドリルの音読はこう進めよう

●1冊まるごと音読する

家での学習でおすすめなのは、漢字ドリルを1冊まるごと音読することです。漢字ドリルには、漢字の音訓だけでなく用例や例文まで載っています。これらを音読することで、漢字を見慣れ、読めるようになっていきます。

初めは、焦って漢字を書かなくても大丈夫です。配られた段階から、毎日音読するだけでよいので続けていきましょう。宿題が漢字ドリルから出始めたら、宿題に出された漢字だけは書くようにするとよいでしょう。まずは、漢字ドリルを１冊まるごと音読するようにしましょう。

なぜ、宿題に出された漢字だけでなく、１冊まるごと読むのかというと、書く練習をするまでに見慣れ、読めるようにするためです。宿題で書く練習を課せられる前に、漢字ドリルを音読して、見慣れ、読みを習得しておけば、書く練習をする際には、「ああ、この漢字ね！　もう読めるよ！」となり、書きもスムーズに習得していくことができるのです。

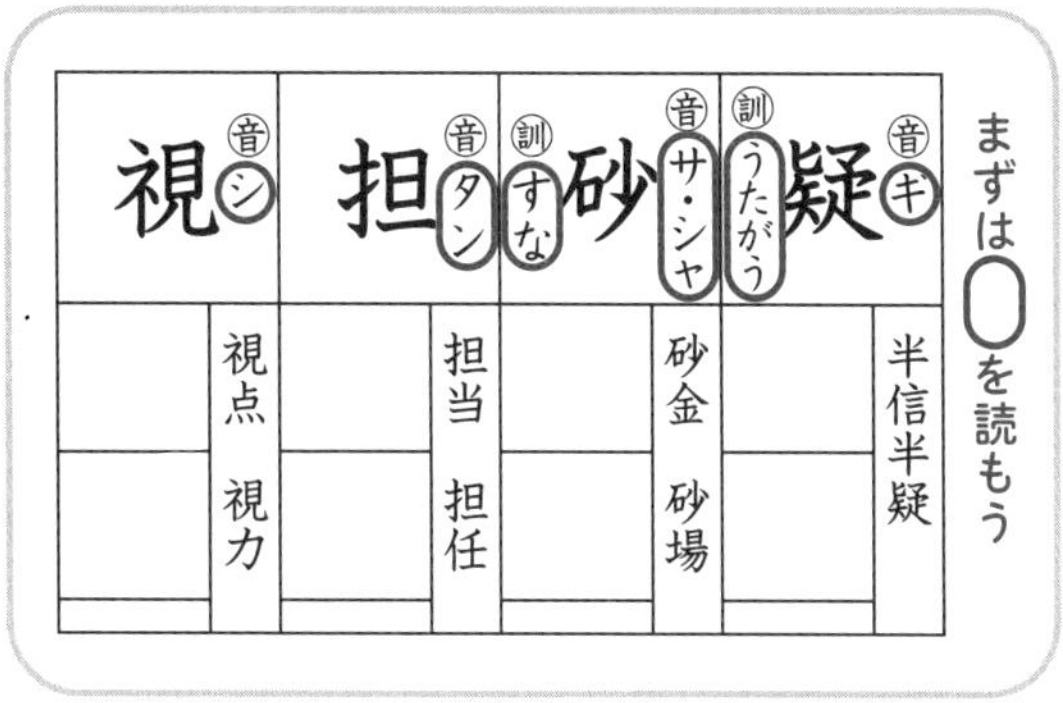

漢字ドリルを音読する際は、漢字の音訓を第一優先に、余裕があれば熟語などの用例、次に例文、というステップで音読するようにしましょう。初めから、すべてを音読しようとすると、疲れて１冊まるごと音読するのが難しくなることがあります。初めのうちは音

訓だけでも大丈夫です。音訓だけであれば、1冊1~2分くらいで終わります。これなら毎日無理なく続けられますよね。それでは物足りない、となってきたら、今度は熟語などの用例を読んでいくようにすればよいのです。とにかく、継続して毎日漢字ドリル1冊まるごと読むようにしていきましょう。これだけでも、子どもたちは漢字を見慣れ、読めるようになっていきます。

小学校では、漢字と一緒に音読の宿題も出されるはずです。通常は国語の教科書の教材を音読することが課されると思いますが、それに加えて漢字ドリルを読むことを自主的に行ってみてはいかがでしょうか。もし担任の先生の許可がもらえるなら、音読カードの「何を読んだか」という項目のところにも「漢字ドリル」と書いてよいと思います。

●タイムを計りながら音読する

単に音読するだけでなく、おすすめなのはタイムを計ることです。漢字ドリルをなるべく早く音読するように伝え、1冊まるごと音読し終わるタイムを計るようにします。この際、新出漢字が紹介されているページだけを読めばOKです。小テストや問題が出されているところは飛ばします。

初めは、新出漢字の音訓だけ1冊まるごと読むようにするとよいでしょう。例えば、「拡、蔵、拝、派」と新出漢字が並んでいたとしたら、「かく、ぞう、はい・おがむ、は」と音読していくということです。

これなら、だいたい2分以内には「漢字ドリル」を1冊まるごと読み終えることができます。早くなってくると、1分を切るでしょう。私のクラスでも実践していますが、子どもたちはどんどん素早く読めるようになっていきます。中には暗唱してしまう子もいます。それくらい何回も漢字ドリルを音読していけば、十分漢字を見慣れ、

読めるようになっていきます。

タイムを計ることで、単に音読するよりも、自分が読めるようになってきたことが可視化されたり、目標ができたりして、より子どもたちが意欲的になります。1冊まるごと音読することにも慣れ、少しマンネリ化してきた、という時には、タイムを計測してみることをぜひおすすめします。

また、音訓を素早く読めるようになったら、音訓だけでなく熟語などの用例や例文を素早く読んでタイムを計ってみるのもよいでしょう。音訓だけを読むよりも時間はかかりますが、用例や例文を読むことで、漢字を使いこなす素地ができてきます。何度も音読すると、自分の中にその語や例文が染みついてくるからです。

タイムの基準をつくり、それを切ったらご褒美などとしてもよいと思います。子どもたちはよりがんばって読むことでしょう。ただ、一点注意が必要なのは、早く読みたいからとゴニョゴニョ読んでごまかす子がいることです。そうならないように、ハキハキ読めているか時々確認してあげるとよいでしょう。宿題の音読を聞く際には、漢字ドリルの音読もぜひ聞いてあげるとよいと思います。

●漢字が読めているか確かめてみる

漢字ドリルの音読を１か月ほど毎日続けると、どんな子でも漢字を見慣れ、ほとんど読めるようになります。これは、私が教室で実践して得た実感です。４月から始めて５月頭ごろには、ほとんどの子は漢字ドリル１冊分の新しく習う漢字の読みを習得していました。その間の授業日数は20日ほどですから、家で毎日継続すれば、１か月もかからないかもしれません。いずれにせよ、漢字ドリルを１冊音読することを毎日続けるのは、自分の学年で習う漢字の読みを効率よく習得するのに最適だと思います。

お子さんがだいたい漢字を読めるようになってきたなと思ったら、読めているか確かめてみるようにすると、なおよいです。例えば、漢字を書いて見せて、「これは何と読むかな？」などとクイズを出してあげるようにします。すると、すぐに答えられる場合は読めていることがわかりますし、答えられない場合は当然読みが定着していないことがわかります。また、すぐには答えられないけれど、少し考えて答えられるような場合は、まだ定着が甘いけれどだいたい覚えてきている、ということがわかります。低学年～中学年のうちは、こうして保護者と一緒に、子どもが漢字を読めているかどうか確認する時間を、家庭学習で取れるとよいと思います。高学年になったら（場合によっては中学年でも）、自分で漢字ドリルのテストページなどを活用して、読めるようになったかを確かめられるようにしていきましょう。

また、小学生用の教材を無料でダウンロードできる「ちびむすドリル」などのサイトから教材をダウンロードして、漢字の読みの定着を確かめていくのもよいでしょう。「ちびむすドリル」では、各学年に応じた漢字学習プリントをダウンロードできます。その中で読みの定着を確認するのにおすすめなのは「漢字フラッシュカード」です。上のカードのように（破線で折ると）表面にふりがなしの漢字、裏面に用例が示されていますので、これを見せてすぐに読めれば、定着していると言えます。これも、低学年は保護者と一緒に確認し、中学年ごろから徐々に自分で確認させていくとよいでしょう。

「ちびむすドリル」の「漢字フラッシュカード」
https://happylilac.net/syogaku.html

漢字学習成功のポイント③

書く練習はこう進めよう

漢字ドリルだけで覚えきるつもりで取り組む

子どもたちを見ていると、漢字ドリルの取り組み方がいい加減だなぁといつも思ってしまいます。ただ「マスを漢字で埋めればよい」と考え、書き順の欄や用例の欄などには目もくれず、いい加減にマスを埋めている子が多くいます。これでは覚えられる漢字も覚えられません。

実は、漢字ドリルだけでもしっかり取り組めば、多くの子は漢字をしっかり覚えることができます。本当は練習ノートに何回も何回も書かなくとも、漢字ドリルで効果的に練習すれば、それだけでかなりの子が漢字を覚えることができるのです。もちろん、全員とは言いきれませんが、私が見てきた子どもの中で8割から9割ほどの子どもたちは漢字ドリルでしっかり練習しただけで、漢字を覚えられていました。

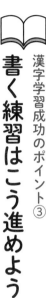

漢字ドリルの宿題は、多くのクラスで出されているはずです。それに取り組む際は、「漢字ドリルだけで漢字を覚えきる！」というつもりで取り組むようにさせるとよいでしょう。

書き順を体に染み込ませる

漢字の書きを習得する上で、ある程度「繰り返し書く」ことは欠かせない、ということが心理学の研究などで立証されています。これは当然のことでしょう。恐らく漢字をずっと見続けていただけでは、何回か繰り返し書いたよりも覚えにくいはずです。

それでは、なぜ「繰り返す」必要があるのでしょうか。それは、頭だけでなく体で覚えるためです。我々大人は、漢字の書きを「この形が左側にきて、右側にはあの形を書いて…」という具合に「頭」で覚えているというよりも（もちろんそういう場合もありますが）、書きたい字を頭に思い浮かべる前に自然と体（腕）が動くという具合に「体」で覚えているものです。

これは、漢字のような複雑な文字を習得する際に特有の性質のようです。アルファベットを用いる英語圏の人よりも、漢字を用いる中国語圏や日本語圏の人のほうが、文字を思い出そうとする際「空書《くうしょ》」という空中に文字を書こうとする行動をとるそうです。つまり、漢字を思い出そうとする時、体（腕）を勝手に動かす人が多いということを示しており、我々は体で漢字を覚えているということを示唆していると私は捉えています。

これらを踏まえると、複雑な形をしている漢字を覚える際は、「これがこうなって、次にこうして…」と頭で覚えるよりも、体が勝手に書けるという状態にもっていくほうが、漢字を覚える近道だと言えるでしょう。

そこで、「体が勝手に書ける状態」にしていく上で重要となってくるのが、「書き順」なのです。私も小学生のころに先生から「書き順どおり書きなさい」と何度も言われました。私にはそれがなぜだかわからず、「面倒くさいな」とよく思ったものです。そもそも、これはだれが決めたのだろう、自分が書きやすいように書ければいいじゃないか、とさえ思っていました。しかし、先に挙げたような知見を踏まえると、書き順は、漢字を「書けるようになるため」に重要だったのです。

ですから、漢字ドリルで漢字を覚えきるつもりで取り組もうとする際には、漢字ドリルを使って、漢字の書き順を体に染み込ませるつもりで取り組むようにしていきましょう。

何度もなぞることで覚える

書き順を漢字ドリルで体に染み込ませるためには、「なぞり」を重視して取り組みます。漢字ドリルは、漢字を覚えるためのものであって、ただマスを漢字で埋めればよいというわけではありません。しかし、宿題で取り組み、ドリルを提出した場合、多くの先生はマスが埋まっているかどうかだけを見て、しっかり取り組んだかを判断します。細かく見る先生であっても、せいぜい丁寧に字を書いているかどうかを見るくらいでしょう。これでは子どもたちが、「とにかくマスを漢字で埋めていればいいや」となっても仕方ありません。

先述したように、漢字ドリルは漢字を覚えるためにあるのですから、書き順が体に染み込むように取り組むことが大切です。そのためには、マスを埋めるだけでは漢字を書く回数が少なすぎます。だから、「なぞる」のです。

　漢字ドリルでは、新しく学習する漢字が大きく示されています。それを指や鉛筆で書き順どおりになぞるようにしましょう。

書き順を意識して
なぞり書きしよう!
あと5回
なぞり書きしたら
マスに書こう!

なぞり書きのマスもあるのですが、それに取り組む前に、大きく示された漢字を指などでたくさんなぞるようにします。

　これだけで、漢字の習得が飛躍的に向上します。

　なぞる際は、書き順どおりにしながらも、なるべく「素早く」なぞるようにしましょう。そうすることで、短時間で何度もなぞることができます。練習ノートにたくさん書くよりも、短時間で効率的に書き順を体に染み込ませていくことができるのです。

　回数は漢字の複雑さや子どもの覚えの早

さなどにもよりますが、10回はなぞってから、マスを埋める学習にいきたいところです。とにかく、ドリルのマスを埋める前に、大きく示された漢字を素早く何度もなぞるようにしましょう。

自由進度で進める

これは、お子さんのクラスの先生のやり方によるのですが、私は、できれば漢字ドリルは自由進度（個々の子どものペース）で進めたほうがよいと考えています。先生から「今日はこの漢字とこの漢字を勉強してきなさい」と言われて行うよりも、自主的に、自分でペースを決めて学習したほうがやる気も出ますし、自分で自分の学習を調整する力もつくからです。

また、先述のように漢字を「なぞる」ということを中心に書き順を体に染み込ませていくやり方であれば、1日に1文字や2文字といったペースでは遅すぎます。同じ学習時間でも、もっとたくさんの漢字を学習することができます。それならば、1日にもっと多くの漢字を学習して、早めに自分の学年の漢字の学習を終えて、2周目、

３周目と練習を重ねていったほうが習得率も高まります。

自分で漢字の学習を進められれば、このようなメリットがあるのです。ですから、担任の先生が「漢字ドリルは自由進度で」と言う場合は、子どもが自分の学習を調整する力を高めたり、漢字ドリルをどんどん進めて練習を重ねていけたりするチャンスだと捉えていきましょう。

しかし、残念ながらペースを指定する先生は多い、というのが私の印象です。その場合は、先述のように無駄な軋轢は生まないように、学校の宿題と並行しながら、「ちびむすドリル」や市販のドリルで、学習を調整する力を育てたり、漢字の練習を進めて定着を図ったりするとよいでしょう。

漢字学習成功のポイント④

ノート練習は縦でなく横に書こう

縦に繰り返し書く練習は非効率

「漢字練習」と言うと、縦に同じ字を連続で書いていくことをイメージされる方がほとんどではないでしょうか。かく言う私も同様であり、ずっと子どもたちにそのように練習させていました。

この方法が、まったく効果がないとは言いません。先述のように、漢字を覚えるには、ある程度繰り返し書くことは欠かせないことだからです。しかし、縦に同じ字を何度も書かせると、ただマスを埋めるためだけに書いてしまって、作業的になったり雑になったりします。ひどい場合には、上から下まで「へん」だけを書いて埋めて、その後、「つくり」を書いていく、という子もいます。嘘のような本当の話です。こんな書き方をしていては、書き順が体に染み込まないので、漢字を覚えられません。

結果的に「マスを埋めた」だけになってしまいます。

そこまでひどくなくても、やはり縦に同じ字を書いていくのは、実は漢字を覚えるという点においては非効率です。なぜなら、「忘れる」ことがないまま何回も繰り返し書くことになるからです。

「どういうこと？」と思われた方も多いと思います。脳科学では、いったん「忘れ」、それを「思い出す」ことで記憶が強化される、とされています。この「思い出す」ことを「想起」と言います。記憶を強化していくには、「想起」を意図的に繰り返していくことが大切なのです。ところが、縦に連続で書いていくと、「忘れる」ことなく何度も漢字を書くことになってしまうわけです。これでは、「想起」する暇もないのです。

違う漢字を横に書いて練習する

そこで、私は漢字練習を次ページのように横に書き進めていくことをおすすめしています。

あらかじめ、その日に練習する漢字をノートの上のほうに書き出しておき、その下に漢字を練習するスペースを確保します。そして、縦に同じ字を連続して書くのではなく、横に書き進め、毎回違う字を書いていくようにするのです（以下のノート例を参照）。

　これにより、毎回違う字を書くことになるので、「忘れる」→「思い出す」というサイクルを毎回組み込むことができます。結果的に「想起」

晩《バン》 片《かた》 翌《ヨク》 否《ヒ》 欲《ヨク》
横に書いていく
①晩 ⑪晩
②今晩 ⑫晩夏
③片 ⑬片
④片言 ⑭片づけ
⑤翌 ⑮翌
⑥翌日 ⑯翌朝
⑦否 ⑰否
⑧否決 ⑱安否
⑨欲 ⑲欲
⑩欲求 ⑳意欲
※同じ漢字を連続して書くのはNG
※熟語を書く
※①～⑳の順に書く

することが増え、記憶を強化することができるのです。

縦ではなく横に書く、というのは書く方向が重要なのではありません。同じ字を連続して書くのではなく、**毎回違う字を書くことが大切**なのです。そのほうが記憶が強化されるからです。また、毎回違う字を書くので気持ちがリフレッシュされ、雑になりにくいというメリットもあります。

子どもたちにこの練習法を教えると、初めはどの子もびっくりします。「漢字は縦に書くもの」という固定観念があるからです。しかし、慣れていくと、「こっちのほうが覚えやすい！」と言う子が増えていきます。

しかし、中には慣れるのに少し時間がかかる子がおり、さらには「縦のほうがやりやすい」と言う子もいます。これは、「縦に書くほうが、楽に、早くマスが埋まる」と考えてしまう子です。テストをすると、横に書き進めて練習した時のほうが点数が高いにもかかわらず、このように考える子もいます。

そういう場合は、「何のために漢字練習をしているのか」を改めて考えさせ、決して「マスを埋めるため」ではなく、「漢字を覚えるため」であることを子どもと確認するようにします。また、横に毎回違う字を丁寧に書いていくのであれば、書く回数は縦の時よりも少なくてよい、とルールを決めるのもよいでしょう。

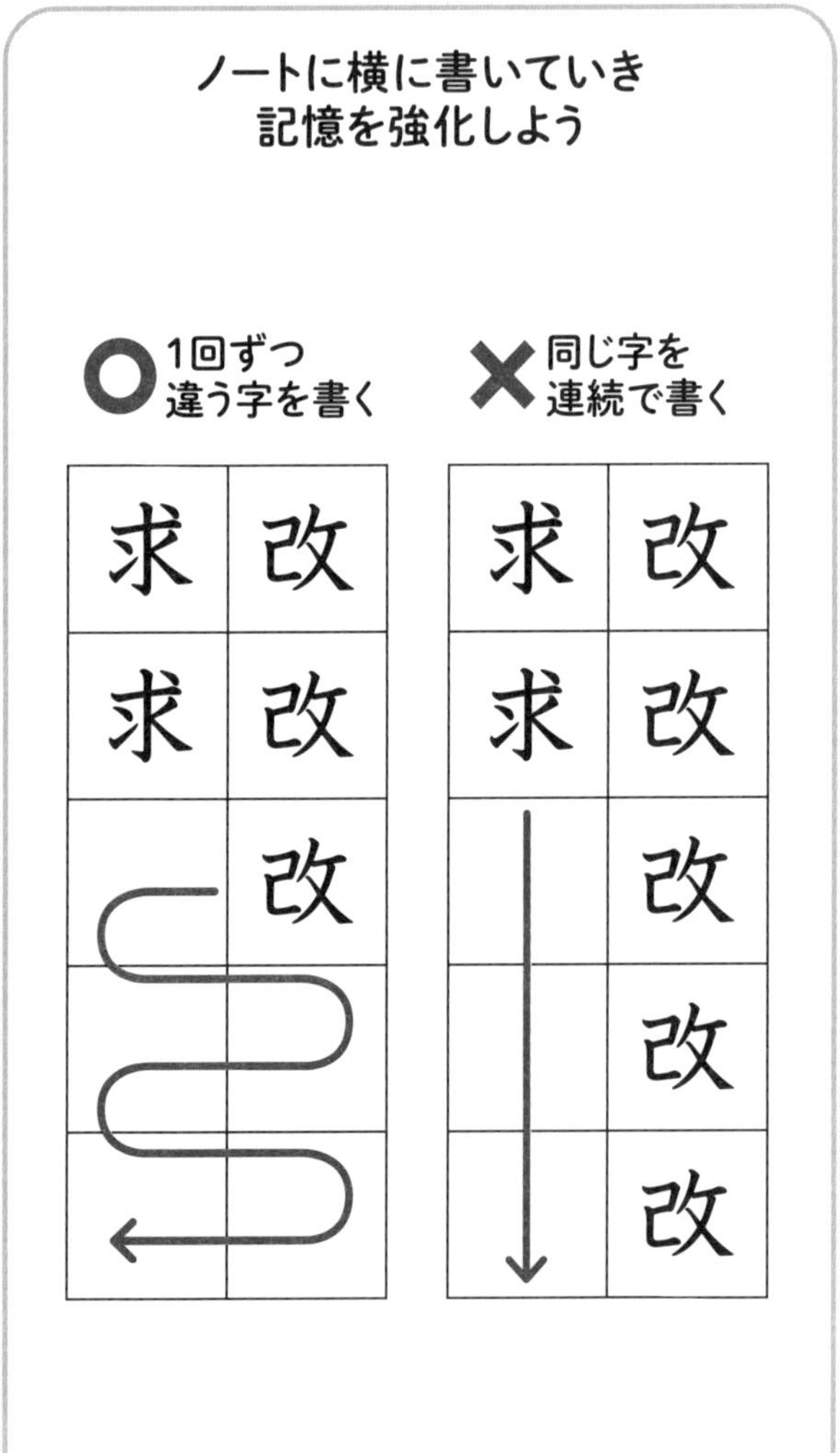

ノートに横に書いていき
記憶を強化しよう
1回ずつ
違う字を書く
同じ字を
連続で書く

できれば「漢字1周」をしよう

このように、漢字は同じ字を連続して書くのではなく、回数は少なくてもよいので、毎回違う字を書くようにしましょう。担任の先生から出される宿題が、「この字とこの字を練習してくるように」というものであったとしても、右ページのように交互に書くようにしましょう。とにかく、同じ字を連続して書かないようにすることが大切です。意識的に「想起」できるようにしていきましょう。

また、漢字練習で一番おすすめなのは、ドリルに載っている漢字すべてを一度ずつ書く「漢字1周」です。ドリルに載っている順に漢字を1文字ずつ書いていくのです。書く時は、ドリルを見ながらで大丈夫です。1文字ずつ書くので、毎回違う字を書くことになります。そのため、横に書く必要はありません。1冊のドリルに載っている漢字をすべて書くといっても、すべて一度ずつなので、丁寧に書いていっても1周10分ほどで終わります。毎日簡単に取り組めますし、新しく学習した漢字を何周も何周も書けば記憶が強化されるので非常におすすめです。

この「漢字1周」は、ドリルでの学習を終えたら取り組むとよいでしょう。こうして学習した漢字を一度ずつでも書くことで復習になり、しっかり覚えられます。従来の学習法だと、教師から指定されたペースで学年の漢字を塗りつぶすように「今日はこの字とこの字、明日は…」という具合に、1年間で1周するだけだったのが、「漢字一周」では何周も何周もすることになります。そのほうが記憶も強化され、1章の一般的な漢字学習の課題❷「一度やったら終わり」(P.32)で述べた問題点を克服することができるのです。また、漢字ドリルに載っている順に書くので、漢字ドリル音読とも相性がよいのです。子どもたちの多くは、漢字ドリルを音読していると、暗唱できるようになってしまいます。「漢字1周」はその順に書いていけばよいので、子どもによっては漢字ドリルを見る必要すらなく、「かく、ぞう、はい・おがむ、は」とつぶやきながら、「漢字1周」ができてしまいます。

「漢字1周」を進める際は、なるべく書き順や読みを確認しながら1文字ずつ丁寧に書きましょう。もし、書き順や読みが完璧ならば、その字を書いている間に、その字が入った言葉や熟語をなるべくたくさん思い浮かべながら書くと、より効果的です。

学習する漢字について「漢字1周」を1年間かけてやるのではなく、ドリルを早く終わらせ、「漢字1周」に取り組むのがベストです。担任の先生から出る宿題に合わせて調整しながら、「漢字1周」に日々取り組むとよいでしょう。

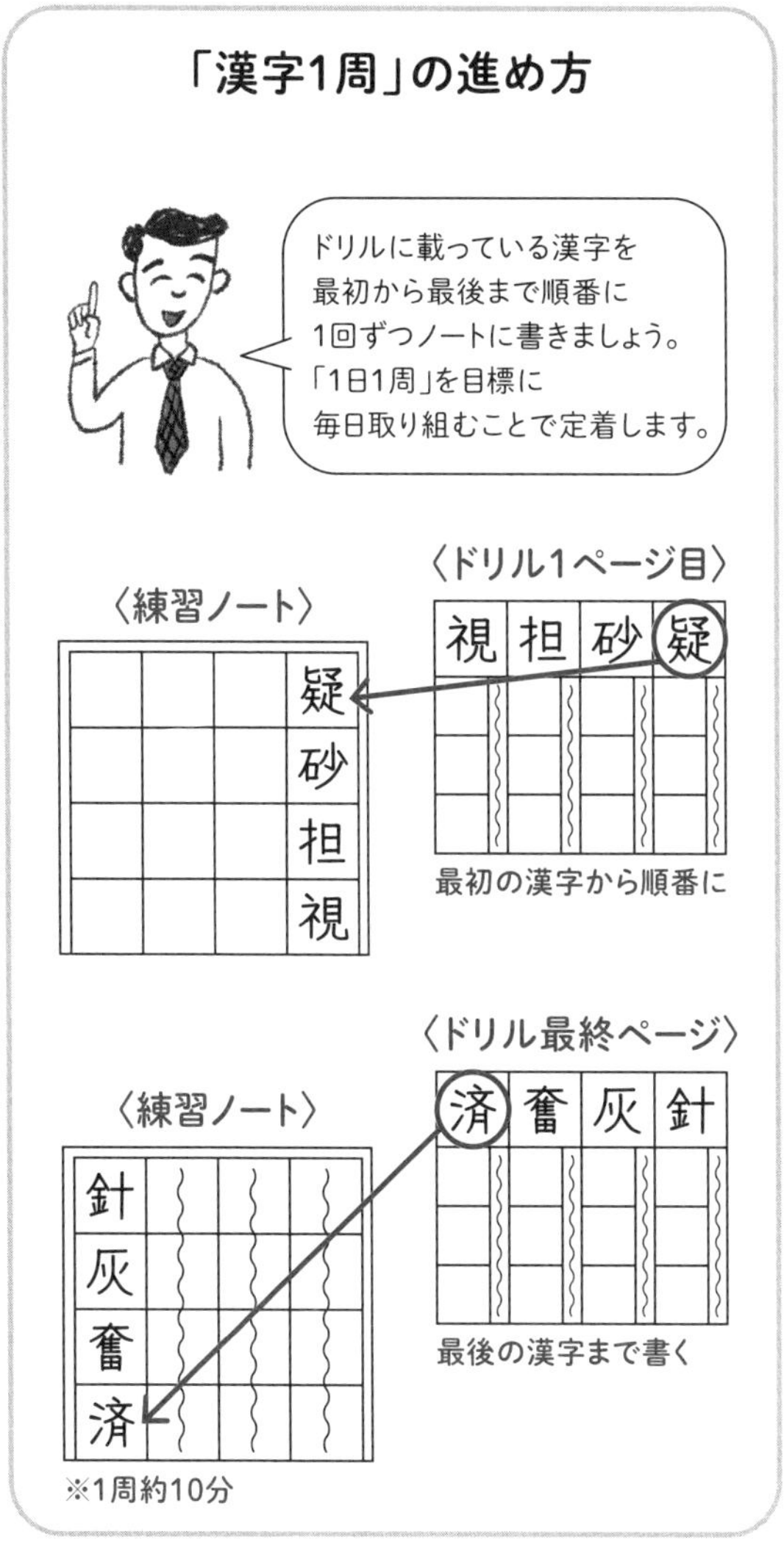
「漢字1周」の進め方
ドリルに載っている漢字を最初から最後まで順番に1回ずつノートに書きましょう。「1日1周」を目標に毎日取り組むことで定着します。
〈ドリル1ページ目〉
視 担 砂 疑
〈練習ノート〉
疑 砂 担 視
最初の漢字から順番に
〈ドリル最終ページ〉
済 奮 灰 針
〈練習ノート〉
針 灰 奮 済
最後の漢字まで書く
※1周約10分

漢字学習成功のポイント⑤

書けない漢字を見つけて、集中的に練習

自分が書けない漢字を見つける

漢字ドリルを1冊終えたら、「漢字1周」に取り組み、ドリルに載っている漢字を一度ずつすべて書き、記憶を強化していくことを紹介しました。他にも効率的な漢字の覚え方があるのでご紹介しましょう。

それは、自分が書けない漢字を見つけて練習するということです。やみくもに練習するのではなく、たくさんの漢字の中から自分が練習すべき漢字を見つけ出し、それを集中的に練習するようにするのです。

流れは、「書けるかどうか確かめてみる」→「書けなかった漢字を書き出す」→「練習する」です。言葉にすると簡単なようですが、意外と小学生には難しいものです。やり方をここでご紹介します。

難しいのが「書けるかどうか確かめてみる」ということです。むしろ、これができればあとはそれをノートに書き出し、先述のように「横に」練習していくだけです。

それではどのようにすれば、自分が「書けるかどうか確かめてみる」ことができるでしょうか。たった一つの正解はないでしょうが、ここでは二つご紹介します。

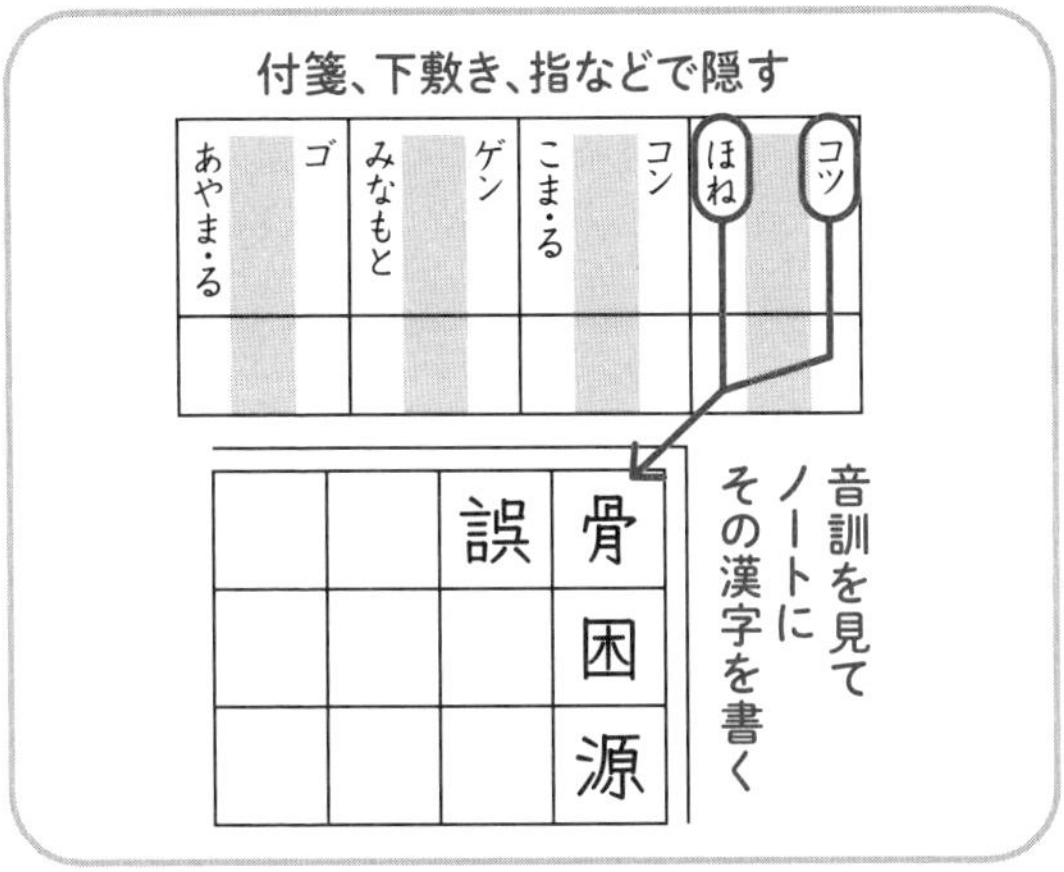
付箋、下敷き、指などで隠す
コツ
ほね
コン
こま・る
ゲン
みなもと
ゴ
あやま・る
音訓を見て
ノートに
その漢字を書く
骨
困
源
誤

一つは、**自分で確かめる方法**です。漢字ドリルの音読によって音訓の順番を覚えている場合は、「漢字１周」の時にドリルを見ないでつぶやきながら書いてみましょう。その後ドリルを見て答え合わせをすれば、書けている漢字と書けていない漢字とが区別できます。漢字ドリルの順番を覚えていない場合は、上の例のように、文字のところを隠して音訓だけを見ながら書いてみて、答え合わせをするようにしましょう。

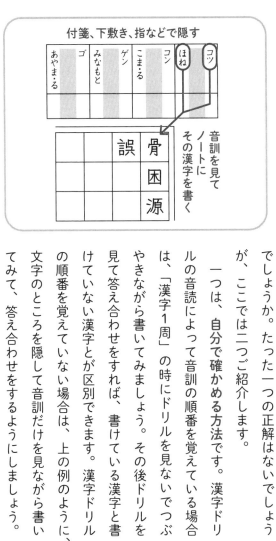

漢字を隠して音訓だけを見ながら、書いてみるのです。

このように、いわば自分で自分をテストするという具合にしていくと、自分が書けない漢字を見つけることができます。中学年以降は十分可能です。

書けるかどうかを確かめるもう一つの方法は、問題を保護者の方が出してあげて確かめる方法です。漢字のテストをダウンロードするなどして子どもに渡して、子どもがテストを終えたら答え合わせをしてあげたり、口で問題を伝えて指で書かせてみて確かめたりするとよいでしょう。少し時間と手間がかかりますが、親子のコミュニケーションの場としてもよいと思います。低学年のうちはこの方法で確かめるのがよいかもしれません。

以上、二つの方法をご紹介しました。子ども自身が自分でできるのに越したことはないですが、子どもと一緒にワイワイと確かめるのも面白いと思いますよ。

書けない漢字を書き出し、横に練習していく

書けない漢字を見つけることができたら、練習ノートに書き出しましょう。たくさ

んあっても大丈夫です。いったんすべて書き出すことで、「自分がこのドリルの中で書けない漢字はこれらなのか」と見通しをもてるようになります。

人間がやる気をなくすのは、見通しをもてない時です。どれくらい勉強すれば、自分の学年の漢字をすべて書けるようになるかが全然わからないのであれば、その後どうやって勉強すればよいかも見当がつきません。やる気も高まりようがないのです。しかし、たとえ学習すべき漢字の数が多かったとしても「あとはこれだけ書けるようになれば、全部覚えたと言える」と見通しが立てば、やる気は出てくるものです。この本を書いている私も同様です。何も見通しを立てずにこの本の原稿を書いていくことはできません。やる気も出ません。書く前に章立てをし、項目を

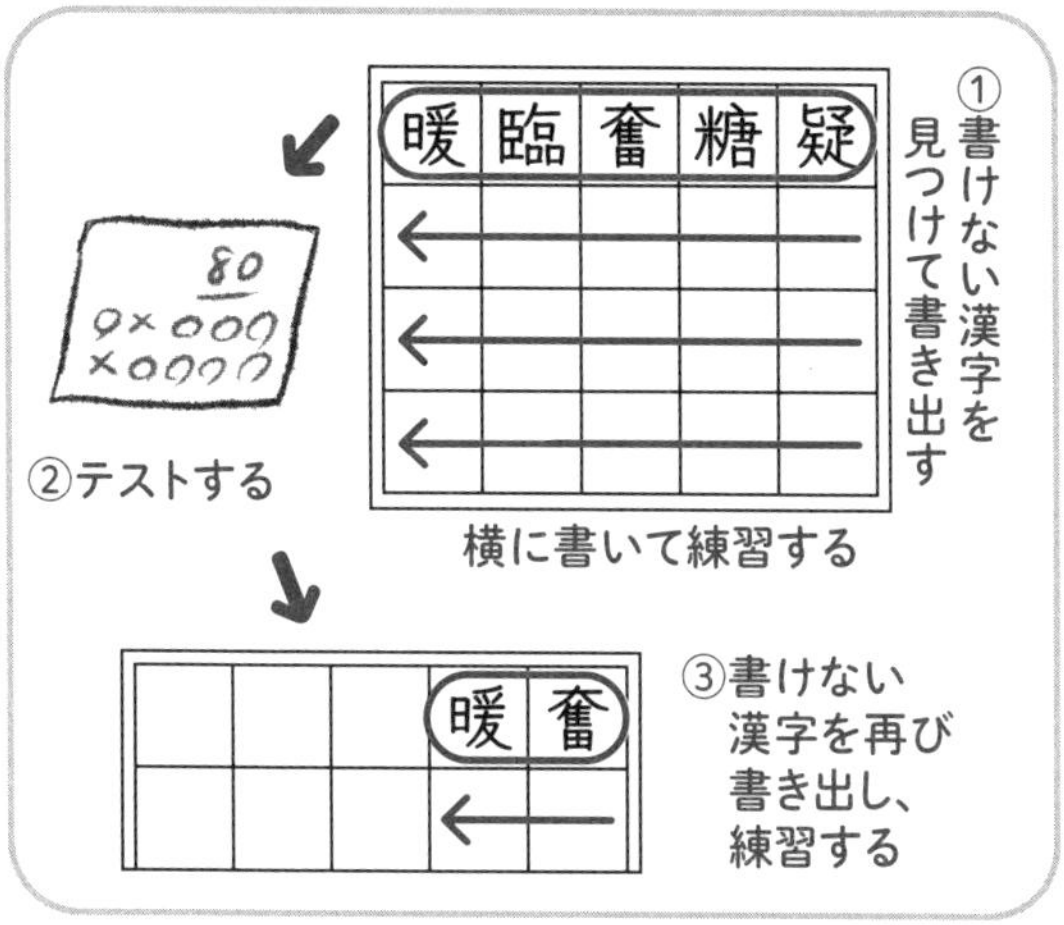
①書けない漢字を見つけて書き出す
暖
臨
奮
糖
疑
横に書いて練習する
80
②テストする
③書けない漢字を再び書き出し、練習する
暖
奮

書き出しています。そうすることで、見通しが立ち、やる気も出てきて執筆が進みます。子どもたちが漢字を学習する場合も同じです。

書けない漢字をノートに書き出したら、それを縦に連続して書くのではなく、「横に」書いていくようにします。「想起」することを意識的に組み込みましょう。

そうして一とおり練習したら、後日また「書けない漢字を見つける」ためにテストしてみます。一度練習しただけでもかなり多くの漢字を書けるようになり、「書けない漢字」は減っているはずです。これを繰り返していけば、「書けない漢字」はなくなり、ドリル1冊をコンプリートできます。

この学習の仕方「**できないものを見つけるためにテストする→できないものを抽出し集中的に練習する→繰り返す**」は、小学生だけでなく中学生や高校生、大人になってからも使えるものです。英単語を覚える際などにも有効でしょう。大人からすれば当たり前のことに見えても、小学生にとっては難しいものです。時折大人がサポートしてやりつつ、学習の仕方が身につくようにしていけば、その後子どもたちは自分で学習を進めることができるようになります。自立した学習者になっていきます。

漢字学習成功のポイント⑥

言葉集めをしよう

用例を知ることから始める

ここまでは、漢字を「書ける」ようになる段階（文字習得）の学習のポイントについて述べてきました。これらのポイントを押さえて学習するだけでも、かなり効率的に「書ける」ようになるはずです。しかし、１章・２章で確認してきたとおり、漢字は「書ける」だけでなく、「使える」ことこそ重要です。

ここからは、「使える」ようになるための学習についてご紹介していきます。

まずは、「使える」という段階をいきなり目指すのではなく、「使い方を知る」という段階を目指していきましょう。知らないものを使いこなせるわけはありません。まずは使い方をたくさん知っている、という状態を目指すのです。

そのためには、用例をたくさん知っていくことです。簡単に言えば、熟語をたくさん知っていくようにするのです。

ポイントは、学習している漢字の入った熟語を集めていくようにすることです。例えば「議」という漢字であれば「議論、議題、議案、議員」などです。これらをとにかくたくさん知っていくようにします。もちろん、辞書を使ってかまいません。インターネットで検索してもよいでしょう。たくさん調べ、たくさんノートに書き出しましょう。

こうしていくと、一つの漢字が入った言葉を集めることになりますので、その漢字を核として語彙が広がっていくことになります。そうすると、結果的にその漢字への理解も深まっていきます。「議」という漢字であれば、「議論」や「議題」などといった熟語を合わせて考え、「議は話し合うという意味がありそうだな」などと漢字自体への理解を深めていくということです。

これまで見てきたように、私たち日本人にとって語彙がどれだけあるかというのは非常に重要です。言葉を知っているということは、それだけ物事を知っていることでもあり、考えるための道具にもなります。我々は母語である日本語で思考し、表現しているからです。ですから、漢字を「書ける」だけでなく、**「使える」段階を目指して、語彙を広げるような漢字学習を積極的にしていきましょう。**

「案」の字が入った熟語を言ってみて
案内・案外
立案・代案

繰り返しになりますが、まずは用例（熟語）をたくさん知っていくことです。１字の漢字に対して、その字が入った熟語をいくつ言えるか、ということをポイントにして学習していくようにしましょう。

時折、お子さんに「その字が入った熟語を言ってみてと尋ねてみてください。お子さんの語彙学習がどれだけ進んでいるか確かめることができます。スラスラと言えれば、かなり語彙が増えてきていますし、「えっ！　何だろう…」とつまってしまうのであれば、まだまだ「書ける」ということだけにとらわれて学習していると言えます。

すぐに意味を調べず、推測する

しかしながら、熟語などの用例を書き出すだけでは、使えるようにはなりません。その言葉の意味もわからないと、使いこなすことはできません。そこで、辞書などを使って「熟語の意味を調べればいい」と思いつきますが、ここでも学習のポイントがあります。

それは、「すぐに調べず、構成漢字から意味を推測してみる」ということです。先述のように、漢字は、1字が1語を表している「表語文字」です。アルファベットやひらがなのようにただ音を表すのではなく、それ自体が語であり、意味をもっています。熟語は、その語と語とが組み合わさって成り立っています。ですから、その熟語を構成する漢字の意味をよく考えれば、熟語の意味もある程度推測することができるのです。

例えば、ひらがなで「さいこう」と書かれた字を見ても、その字からは何も意味を推測することはできません。一方、「最高」と書かれた字を見れば、熟語の意味を知らなかったとしても、「『最』は『最も』という意味があって、『高』は『高い』だから、『最も高い』という意味かな？」と推測することができるのです。

また、熟語にはいくつかの成り立ちのパターンがあります。小学校では４年生の時に次の４パターンを学習します。

❶似た意味をもつ漢字の組み合わせ（学習、豊富など）
❷反対の意味をもつ漢字の組み合わせ（上下、左右など）
❸上の漢字が下の漢字を修飾する関係にある組み合わせ（青空、黒板など）
❹「〜を」「〜に」に当たる意味の漢字が下に来る組み合わせ（読書、作文など）

漢字１字１字の意味からの推測に加えて、これら熟語の成り立ちのパターンを知っておくことは、より一層熟語の意味を推測しやすくなるのでおすすめです。

このようにして、わからない熟語の意味を推測することで、子どもたちは熟語の意味を機械的に暗記するのではなく、よく考えて覚えるようになり、結果的に使える語になっていきます。「〇〇は××という意味がある」と辞書でただ知っただけでは、忘れてしまいがちですし、なかなか使えるようにはなりません。しかし、「〇〇は、上の字がこういう意味で、下の字がこういう意味で、組み合わさってこのような意味になっていて…」と覚えていると、その語への理解は深まり、正しく使えるようになっていきます。**本当の意味でその子の語彙になっていく**のです。

また、字から意味を推測していくことを積み重ねていくと、読書などで未知の熟語に出会った際も、構成漢字から推測したり文脈から推測したりして、辞書を使わずとも、ある程度意味を理解しながら読んでいくことができます。1字1字に意味がある、という漢字本来の強みを生かした、言語との付き合い方をしていけるようになるのです。

このように、言葉の意味をすぐに調べずに推測することには、たくさんのメリットがあります。言葉集めをした後は、すぐに意味を調べず、少しでも推測してみるようにしましょう。推測した後は、答え合わせ感覚で意味を調べてみましょう。自分の予測と合っていれば、わざわざノートに書く必要はありません。**自分が予測した意味と辞書の記載が大きく違っていた時は、ノートに意味を書いておく**ようにしましょう。

なお、辞書について、学校では国語辞典を3年生、漢和辞典を4年生で学習します。それまでは使用しないほうがよいかと言えば、そんなことはまったくありません。私の実践を通した感覚からは、1年生から十分国語辞典を使って漢字学習をすることができます。「言葉の意味を知りたい！　もっと漢字の使い方を調べてみたい！」と、子どもの意欲が高まっているようでしたら、「こういうものがあるよ」と言って渡してみるとよいでしょう。水を得た魚のように、子どもは辞書をたくさん引くはずです。

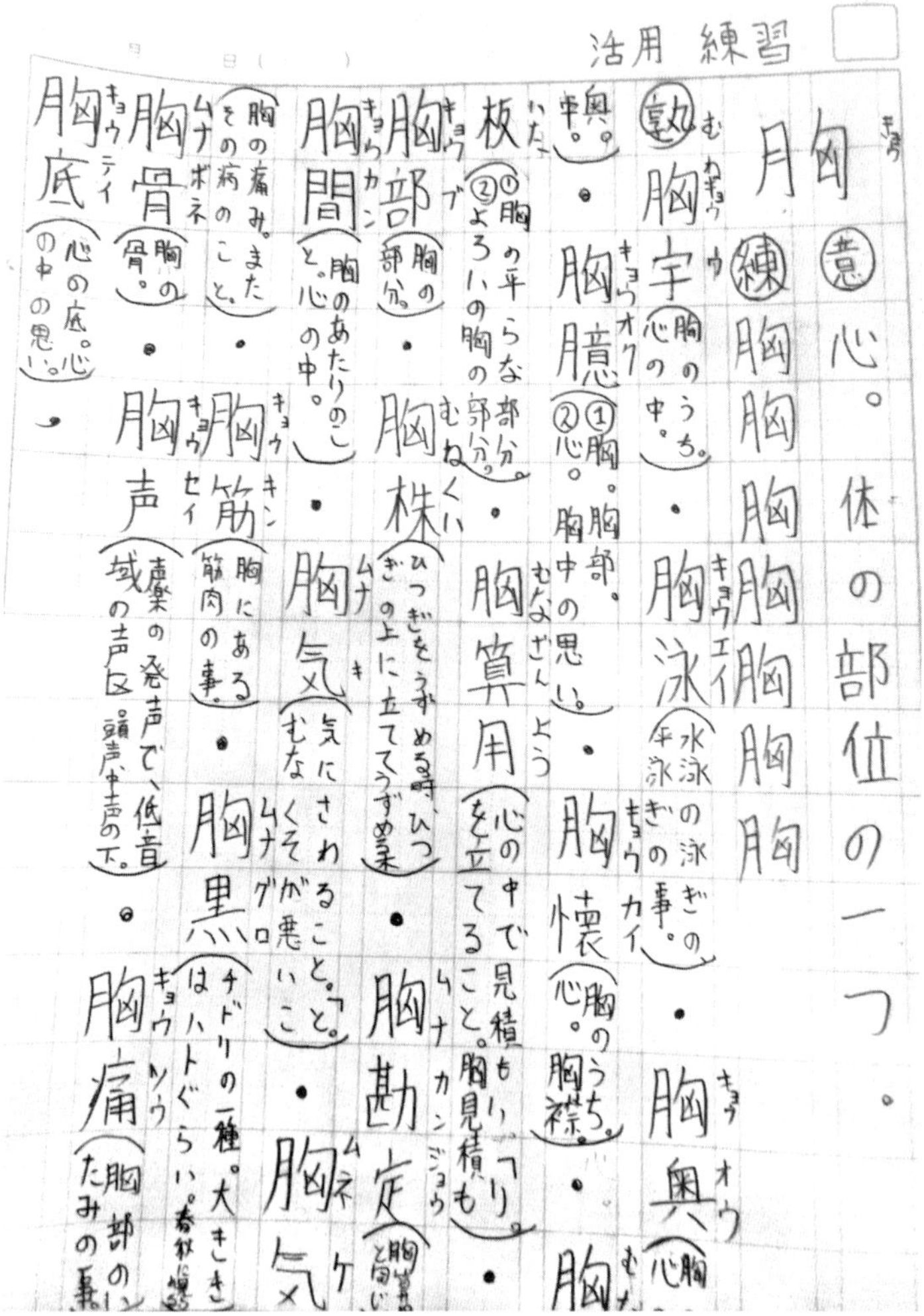

ある6年生の練習ノート。「胸」の漢字について、読みや意味だけでなく、辞書を使って熟語まで丁寧に調べて学習している。

例文を作ってみる

意味を推測し、必要に応じて調べた後は、その熟語などを使って例文を作ってみましょう。ここまで行うと、自分が作文を書く時にも使えるようになっていきます。

例文を作る際は、硬い文ではなく、自分の生活や経験に沿ったものを自由な発想で書くようにしましょう。漢字は実際に使えなくては意味がないので、実際に自分が使えるような場面を想定して書くようにしましょう。

次のページの練習ノートでは、「報」という漢字の用例を調べ、それを使って例文を作っています。例文には「ゲームクリアの報酬をもらう」「そうじ報告をする」など、自分の生活や経験に照らし合わせて例文を作っているのがわかります。

こうして、自分に引き寄せて例文を作ることができれば、実際に使える可能性は非常に高まります。

熟語をたくさん調べたり、知ることができたりしたら、例文を作るようにしていきましょう。そして、自分が作文を書く時などに積極的に使うようにしていきましょう。

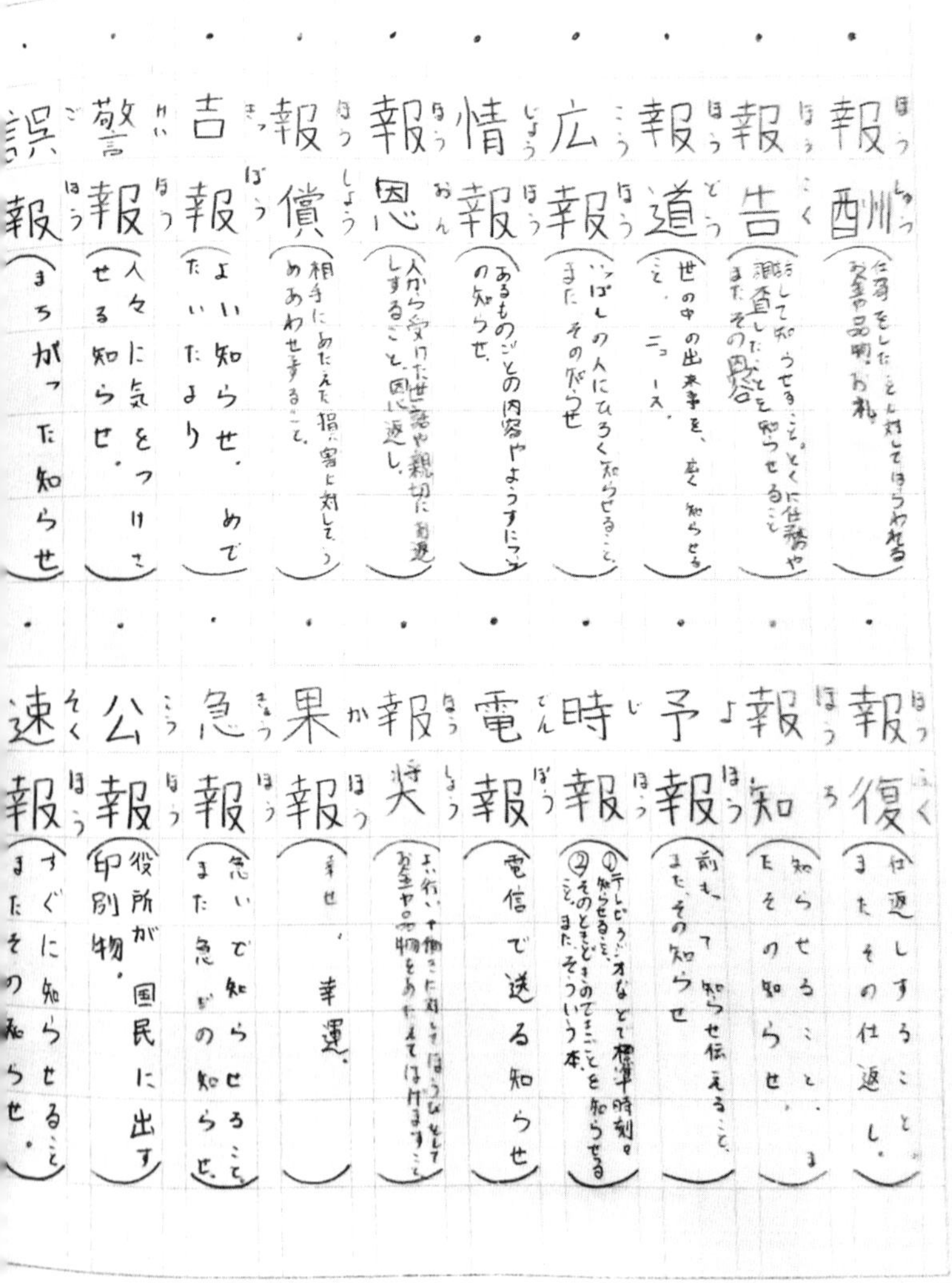
報酬《ほうしゅう》
仕事をしたことに対してはらわれるお金や品物。お礼。
報告《ほうこく》
知らせること。とくに任務や調査したことを知らせること。またその内容
報道《ほうどう》
世の中の出来事を、広く知らせること。ニュース。
広報《こうほう》
いっぱんの人にひろく知らせること。また、その知らせ
情報《じょうほう》
あるものごとの内容やようすについての知らせ。
報恩《ほうおん》
人から受けた世話や親切に恩返しすること。恩返し。
報償《ほうしょう》
相手にあたえた損害に対してうめあわせすること。
吉報《きっぽう》
よい知らせ。めでたいたより
警報《けいほう》
人々に気をつけさせる知らせ。
誤報《ごほう》
まちがった知らせ
報復《ほうふく》
仕返しすること。また、その仕返し。
報知《ほうち》
知らせること。また、その知らせ。
予報《よほう》
前もって知らせ伝えること。また、その知らせ
時報《じほう》
①テレビ、ラジオなどで標準時刻を知らせること。②そのときどきのできごとを知らせること。また、そういう本。
電報《でんぽう》
電信で送る知らせ
報奨《ほうしょう》
果報《かほう》
幸せ。幸運。
急報《きゅうほう》
急いで知らせること。また、急ぎの知らせ。
公報《こうほう》
役所が国民に出す印刷物。
速報《そくほう》
すぐに知らせること。また、その知らせ。

ある5年生が「報」の漢字の熟語と用例をまとめたもの。
熟語を22個も書き出し、9つの例文を作成。「報」の字を使いこなせている。

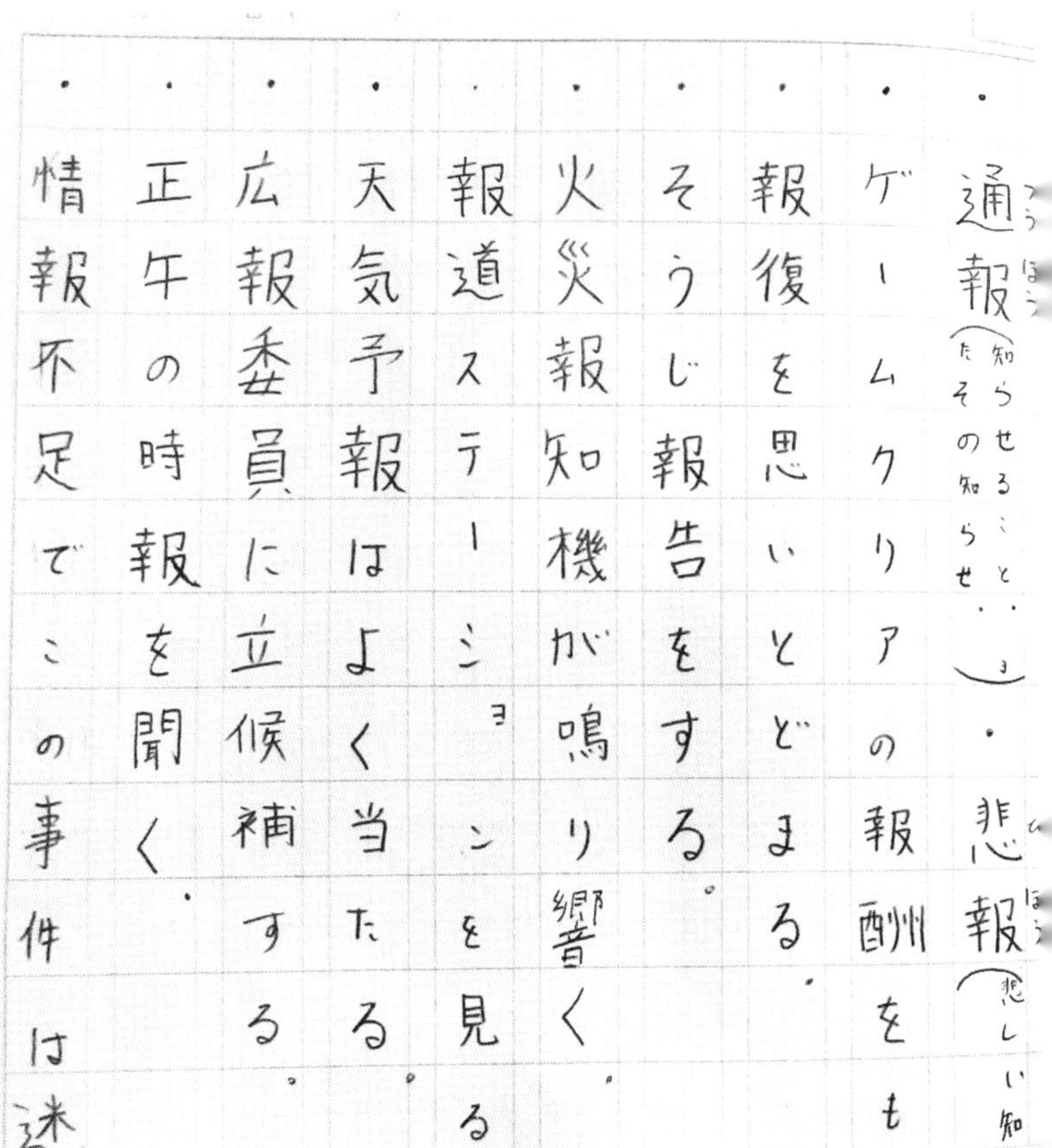
・通報《つうほう》（知らせること・その知らせ）
・悲報《ひほう》（悲しい知らせ）
・ゲームクリアの報酬をもらう
・報復を思いとどまる。
・そうじ報告をする。
・火災報知機が鳴り響く。
・報道ステーションを見る。
・天気予報はよく当たる。
・広報委員に立候補する。
・正午の時報を聞く。
・情報不足でこの事件は迷宮入り。

漢字学習成功のポイント⑦

テストでは他用例も書き込もう

予告ありのテストで書けても満足しないこと

学校で行う予告ありの小テストで書けたとしても、それは単にその出題されている用例で書ける、ということに過ぎません。まずはそれで点数を取れるようにしますが、大切なのはそれだけで満足しないことです。

ここで満足してしまうと、本当の漢字力はつきません。限定的な用例では漢字を書けるけれども他の用例では書けなかったり使いこなせなかったりする、ニセ「漢字が得意な子」になってしまうかもしれません。まずは、このことを知っておきましょう。予告ありのテストで漢字を書けたとしても、「当たり前」くらいに捉えておくようにします。

抜き打ちテストでも書けることや、文章を書く時にも漢字を使って書けることを目標にしていきましょう。

テストに書き込んでみよう

学校のテストの方法が予告ありのテストであったとしても、出題用例のみしか漢字を書くことができないニセ「漢字が得意な子」にならない方法があります。それは、テストの問題に答え終わったら、漢字小テストで**出題された用例以外の熟語を答案用紙に書き込んでいくこと**です。

例えば、「ひる休み」と出題されていたら、「昼休み」という解答をテストに書き込みます。ここまでは普通です。その後、「昼」という漢字が入った熟語など、他用例を欄外に書き込んでいくのです。例えば「昼食、昼夜、昼ご飯」などです。

次のページの小テストが実物です。小学2年生の子が書いたものです。この子はテストの問題に悠々と答え終わると、欄外にみっちりと他用例を書き込んでいました。その数なんと１３０個以上。これだけ用例を知っていると、抜き打ちテストでどんな用例を出題されても書けますし、作文を書く時にも使うことができます。

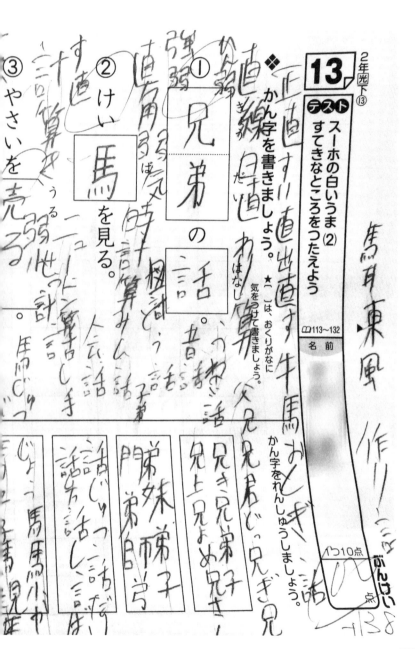

2年 光 下 ⑬

13 テスト

スーホの白いうま⑵
すてきなところをつたえよう

📖113～132

名前

1つ10点

点

◆かん字を書きましょう。★（　）は、おくりがなに気をつけて書きましょう。

① 兄弟《きょうだい》の話《はなし》。

② けい馬《ば》を見る。

③ やさいを（売る《うる》）。

かん字をれんしゅうしましょう。

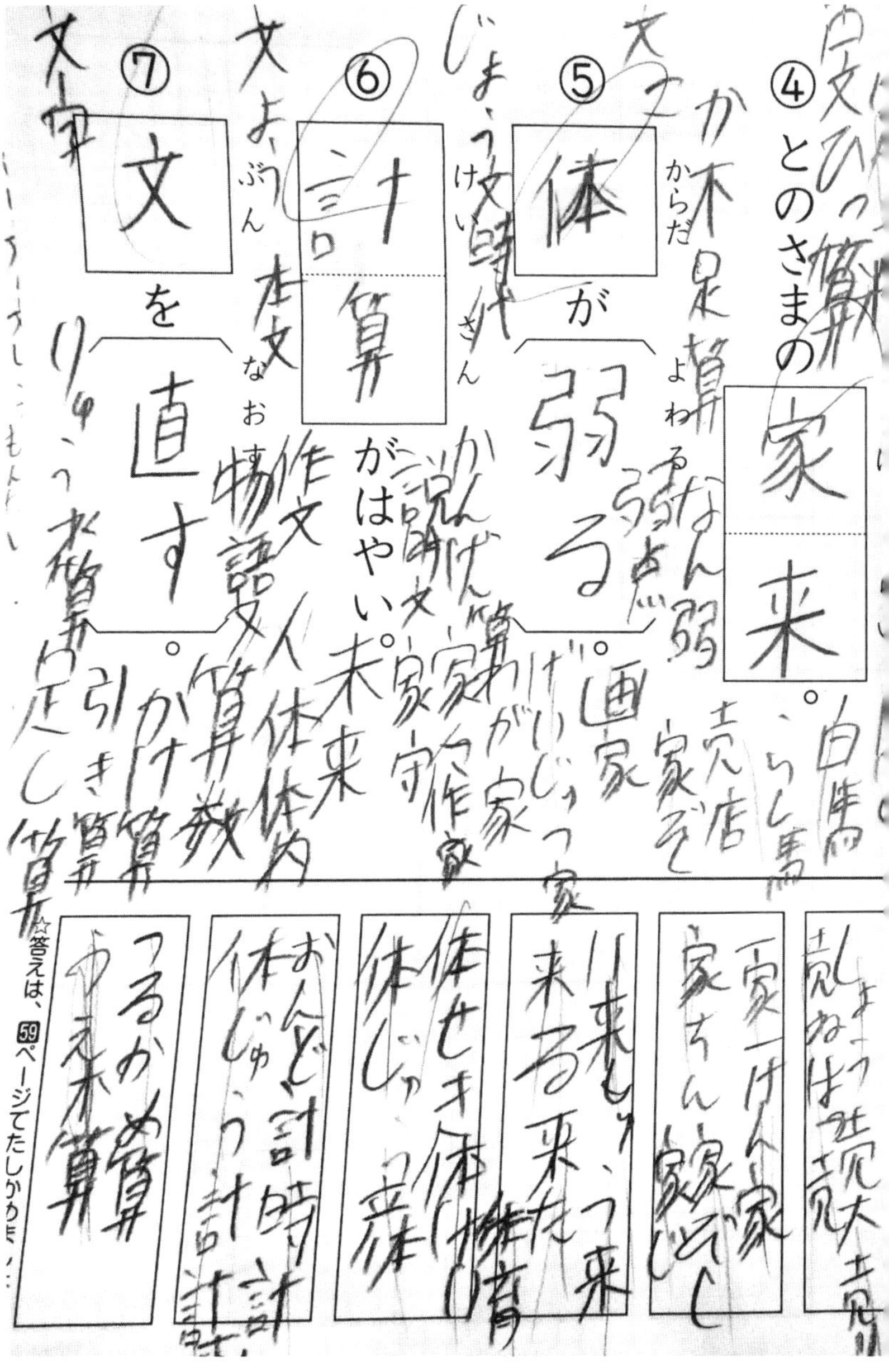

④ とのさまの家来。
⑤ 体《からだ》が弱《よわ》る。
⑥ 計算《けいさん》がはやい。
⑦ 文《ぶん》を直《なお》す。
☆答えは、59ページでたしかめ

最初はここまでいかなくとも、まずは一つの漢字につき一つの他用例を書いてみるところから始めてみましょう。すべての漢字につき一つ書けるようになったら、次は二つを目指す、という具合に、少しずつでよいので、他用例に目を向けていくようにしましょう。そうすると、漢字テストに向けて学習をする際も、予告された用例でのみ練習するのではなく、他用例に目が向くようになっていきます。その結果、語彙が増えていき、漢字を使いこなせるようになっていきます。

担任の先生がこの漢字小テストのシステムをご存じなら、他用例を書き込めば、加点してくれるかもしれません。私もいくつかの著書でこのシステムを紹介していますので、お読みの先生でしたらご存じだと思います。ただし、そのような先生は一部だと思いますので、通常は、漢字テストが返却された後、保護者の方が子どもと一緒に家でいくつくらい他用例を書き込めたかを数えていくとよいでしょう。一緒に数えていき、成長を共有していきましょう。書き込み数の目標を立てて、それを達成したらご褒美をあげるというのもよいですね。漢字テストの答案用紙の欄外に他用例を書く時は、事前に担任の先生の許可をとるようにすると安心です。

漢字学習成功のポイント⑧

タブレットを上手に活用しよう

AIを活用して効率的に学習する

ＧＩＧＡスクール構想により、１人１台端末が公立小学校にも導入されています。また、それ以前にもご家庭でタブレットを子どもに渡しているところも少なくないでしょう。

ここでは、タブレットの効果的な活用法についても考えておきたいと思います。自治体によって、どういう企業と契約しているかは変わってきますが、基本的には子どもに配付されている端末には、利用できるドリルがあるはずです。そうしたタブレットの漢字ドリルの効果的な使い方について考えていきます。

タブレットを活用する最大のよさは、自分の学習データが残るということです。これを活用しない手はありません。

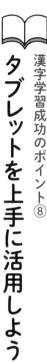

例えば、私の自治体の川崎市で使えるベネッセの「ドリルパーク」では、学年に応じた問題を出題してくれ、自分が正解した漢字や間違えた漢字のデータが残ります。そして、そのデータに応じた問題を出題するモードもあります。自分が間違えた問題を重点的に出題してくれるということです。これは非常にありがたい機能です。

本来であれば、自分で自分の苦手な漢字を見つけるようにしていくべきなのですが、低学年やそういう学習法に慣れていない子どもの場合、なかなか難しいものです。そのような時は、こうしたＡＩをうまく活用していくとよいでしょう。

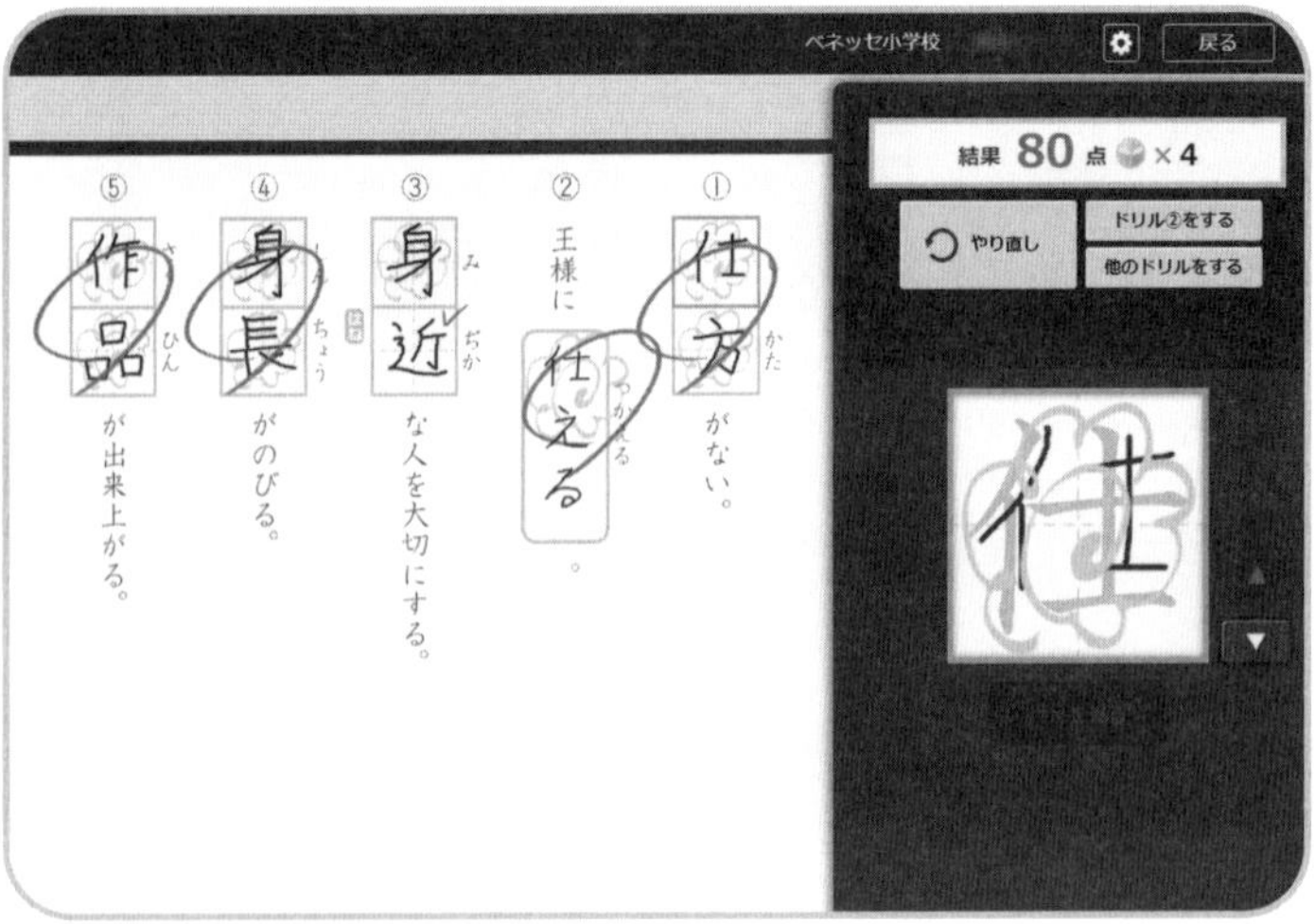

ベネッセ「ドリルパーク」https://www.teacher.ne.jp/miraiseed/products/drill/
手書き入力した漢字をとめ・はね・はらいや書き順まで判定する。

また、このようなデータが残るということに加え、書き順や「とめ・はね・はらい」などをしっかりＡＩが判定してくれるのもタブレットの強みです。紙のドリルの場合、書かれた字を後で点検することはできても、実際に子どもたちがどのように書いているのかは、そばに人がついて見ていないとわかりません。タブレットであれば、ＡＩがつきっきりで見てくれるので、正確に漢字を覚えることができます。

ＡＩに頼りすぎず、ツールとして上手に活用する

しかし、ＡＩに頼りすぎると、子どもたちが自分で学習する力がつかないこともあるので注意が必要でしょう。自分の苦手を見つけたり、自分の苦手なところを克服するために工夫したりすることは、漢字学習のみならず、他の教科を学習する際にも、スポーツの練習をするにあたっても、ひいては自分の人生の中で何かについて上達していくためにも必要不可欠なことです。

私がこれまで紹介してきたような学習の仕方は、こうした「自分で学習をする力」

を高めることもねらっています。先生から指示された漢字を、指示されたやり方でただこなすだけではこうした力は伸びにくいものです。だからこそ、本書で新たな漢字学習の仕方をご紹介してきました。しかし、AIに頼りきると、結局はAIに自分の苦手を見つけてもらい、そのための問題を作成してもらい、子どもはそれをこなすだけ、となってしまうかもしれません。

そうではなく、AIは子どもが自分の学習状況を自分で知るためのツールとして使っていくようにしましょう。例えば、自分の正解データから、自分の苦手な漢字を知ったら、その後、単にAIが出してくる問題を解いて書けるようにするだけではなく、その漢字について調べ、熟語や例文をノートに書き出していくなどするとよいでしょう。そうすれば、AIに言われるがまま、与えられるがままではなくなり、熟語や例文を通して漢字を豊かに学習していくことができます。

また、複雑な漢字の書き順や「とめ・はね・はらい」を確認するのに適宜用いるのもよいでしょう。例えば、「犯」という漢字の場合、紙のドリルを使っていると、1画目の向きを間違えて書く子どもがたくさんいます。紙のドリルだと書き順（画数の順番）は示されていても、その画数をどの方向に書くのかまではわかりにくい場合もあるのです。そのような場合は、タブレットを活用して確認すれば、正確に漢字の書き方を理解することができます。

「物は使いよう」です。タブレットに頼りきるのではなく、自分の漢字学習を充実させていく一つの手段として活用していきましょう。

自分で使い分けられるようにしていく

最後に、紙のほうがよいか、タブレットのほうがよいか、という話題についても考えておきましょう。

結論から言うと、どちらでもよいです。紙のほうが覚えやすい子もいれば、タブレットのほうが覚えやすい子もいるはずです。これまで述べてきたように、漢字を覚えるという点で言えば、「書き順を体に染み込ませること」です。使いこなすという点で言えば、「用例をたくさん知ること」「例文を作ってみること」などです。そこに紙のドリルを使うか、タブレットを使うかということはあまり関係ありません。大切なのは、**「自分が」どちらのほうがやりやすいか、学びやすいか**ということを知っていくことです。

私は、授業中、自分の考えを書かせる際などに、「紙に書きなさい」とか「タブレットで書きなさい」などと、あまり決めつけて指示しないことにしています。それは、「自分はこういう時は紙に書いたほうがやりやすいな」とか「こういう場合はタブレットだな」ということに自分で気づいていってほしいからです。

そのためには、子どもは紙とタブレットのどちらも十分経験していく必要があります。その上で、自分で自分の学習を見つめ直し、「どちらが自分に適しているか」を考えさせていくとよいでしょう。これも、立派な「自己調整学習」です。

その上で、使い分けるためには、「漢字はすべて紙で」あるいは「漢字はすべてタブレットで」と極端に決めつけるのではなく、「こういう時は紙」「こういう時はタブレット」と、**場面と目的に合わせて使い分けられるように**考えていくとよいのです。

例えば、漢字練習するのは紙のほうがいい、テストはタブレットのほうが手軽にできるからいい、などと自分で自分に合った使い分け方を場面と目的に合わせて考えていくという具合です。

低学年のうちはここまで考えるのは難しいかもしれません。しかし、紙だけでなくタブレットでも学習する経験を積ませていき、その経験が積み重なってきたころ、「あなたはどういう学習のほうがやりやすいかな」などと問いかけ、考えさせていく機会を作るようにしましょう。

しっかりとどちらの学習の経験も重ねていれば、中学年〜高学年ごろには、子どもたちは自分で考えることができるようになっていくでしょう。初めから使い分けられなくても、経験させ、振り返らせることをしていけば、子どもは自ら選択できるようになっていくのです。

漢字学習ゲームで楽しく学ぼう

❶この漢字読めるかな？

漢字を紙などに書いて、子どもに見せます。漢字を書いている間は、子どもに伏せるか目をつぶっているように伝えましょう。

漢字を見せて、読みを子どもに答えさせます。その際に、「3、2、1」とカウントダウンします。すぐに読めないと、しっかりその漢字の読みが定着しているとは言えないからです。

初めは漢字1字単位で出題します。慣れてきたら、ドリルの新出漢字のページに載っている基本的な語で問題を出すとよいでしょう。それができてきたら、今度は少し難しい読み方の問題を出すとよいでしょう。例えば、「朝」は2年生で学習しますが、「あさ」としか載っていない漢字ドリルもあります。しかし、「朝」には「ちょう」などの読み方もあります。もしも「あさ」という読み方が十分できるようになっていれば、少し背伸びをして「朝食」などを出題してもよいでしょう。子どもは、こうした「少しの背伸び」が大好きです。少し背伸びをさせることで力がついていきます。

❷この漢字書けるかな？

❶の【この漢字読めるかな？】と同じ方法で、今度は書けるかどうかを試すゲームです。漢字ドリルの中から漢字を選び、「病院の『びょう』」などと読みを口で伝えて、紙やタブレットに書かせるか、空中に指で書かせるとよいでしょう。

テンポよく、たくさんやっていきましょう。書けたら「イエーイ」と一緒に喜びましょう。書けなかったらすぐに教えて、一緒に書くとよいでしょう。

小テストの前の練習として行うのもよいですし、学習した漢字が身についているかを確認することもできます。

❸漢字しりとり

子どもはしりとりが好きです。それを応用したのが漢字しりとりです。普通のしりとりは「しりとり→りんご→ごりら」と最後の音につなげていきますが、漢字しりとりは、「教科書→書写→写真…」という具合に**最後の漢字でつなげていきます。**

熟語をたくさん学習してきた高学年ごろからが最も行いやすいと思いますが、中学年でも場合によってはできます。漢字一覧表を見ながら行うと、少しやりやすくなります。また、親子で交替に言っていくのでは続かない場合、力を合わせて一緒に漢字しりとりをつなげていくのでもよいでしょう。辞書を使って調べてつなげていってもよいですね。

ゆくゆくは、交替に言っていって、言えなくなったほうが負けというルールでやっていきましょう。親子で対決、燃えますよ。

❹漢字山手線ゲーム（部首、熟語、ジャンル）

「山手線ゲーム」※注のルールを応用したものです。お題を決めて、そのお題に適した漢字や語をリズムに合わせて順番に言っていき、つまったり、お題に適さない答えを言ったほうが負け、というものです。

例えば、「にんべんの漢字」など、部首をテーマにしたお題や、「『数』が入った熟語」など、用例をテーマにしたお題で行います。

楽しみながらたくさんの漢字を知っていくことができます。

※注　参加者の一人がお題を決めて、そのお題に該当する答えを参加者が一人ずつリズムよく答えていく。つまったり、お題に該当しないものを答えたりした人の負け。山手線の駅名をよくお題にしたことからこの名前がついた。

お題例：にんべんの漢字

解答例：「使」→「伝」→「作」→「体」→「個」→「何」など

お題例：『数』が入った熟語

解答例：「回数」→「数字」→「点数」→「少数」→「多数決」など

お題例：学校で使うもの（漢字3文字以上）

解答例：「教科書」→「三角定規」→「体操服」→「道具箱」など

❺連想漢字ゲーム

お題に合った漢字を親子で探し、出し合うゲームです。例えば、お題は「かわいい」「かっこいい」「輝いている」などです。それぞれ漢字を出し合い、最もお題に合った漢字を答えたほうの勝ちです（筑波大学附属小学校の桂聖先生の実践「漢バト」を参考にしています）。勝敗は第三者に判定してもらうとよいでしょう。

漢字を考えるのが難しい場合は、漢和辞典を引いたり漢字一覧を見たりしながら考えるとよいでしょう。漢字に対してのイメージを自由に出し合うゲームなので、子どもの感性が磨かれ、漢字に対する興味がさらに深まります。

お題例：かわいい
解答例：「子犬」「花束」「赤子」など

お題例：かっこいい
解答例：「消防士」「歌手」「野球選手」「上級生」「飛行機」など

お題例：輝いている
解答例：「星」「宝石」「笑顔」など

❻ 辞書引きタイムアタック

国語辞典や漢字辞典を使って、辞書引きの時間を競い合うゲームです。

まずは、お題となる語や漢字を親子で同じ数ずつ指定し合います。指定する語や漢字は3～5個くらいでよいでしょう。

指定し合ったら、辞書でその語や漢字を順番に引きます。この際、タイムをそれぞれ計測し、短い時間で引き終えたほうの勝ちというルールです。

ゲームに慣れてくると、子どもはよく考えてお題を指定するようになります。「あまり近くに載っている語は避けたほうがいいな」とか「画数や部首がわかりにくい漢字を指定しよう」といった具合です。辞書引きに自然に親しめるゲームです。

③ ② ①
特 冷 折
漢和辞典
① 3～5つの漢字(または単語)を指定する
② 辞書を引くタイムを計る

❼おうちで創作漢字大会

思い思いの漢字を作り、発表し合い「どれが本当にありそうか」を競い合うゲームです。漢字を作ったら、大きく紙に書き、その下に意味を書いて発表します。

実際にはない漢字を、「それらしく」作ることで、漢字への興味関心や部首、へんやつくりへの理解、言語感覚を育てます。

例えば、「くさかんむりの下に刃で、くさかり」とか、「そうにょう（走）に回でリレー」などです。

親子二人でもできますが、きょうだいなども交えて3人以上で作り合い、チャンピオンを決めると盛り上がるでしょう。

漢字への親しみをもつことができ、苦手意識や「漢字学習はつまらない」といった固定観念を払拭できるでしょう。

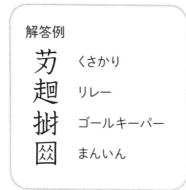

解答例

くさかり

リレー

ゴールキーパー

まんいん

❽漢字の成り立ちクイズ

漢字の成り立ちには、興味深いものがたくさんあります。主に漢字辞典に載っていますが、漢字ドリルにも載っているものがあります。これらを用いて、まず正しい漢字の成り立ちについて知ります。

その後、間違った選択肢を二つ自分で考えて作り、三択クイズを完成させます。それを親子で出し合います。二人でもできますが、きょうだいなども交えて3人以上で行うと、より盛り上がるでしょう。

正しい漢字の成り立ちを知ることはもちろん、間違った選択肢を考えるのも頭をよく使います。明らかに違う選択肢ではなく、「それらしい」ものにするためによく考えるのです。

出題例:「友」の成り立ちは?

①人を下から支えている

②人を上から包み込んでいる

③握手(ナ+又)から

※正解は③
「ナ」「又」は手を表している。

第4章

漢字学習のお悩みQ&A

Q1 **担任の先生のやり方だと、漢字ドリルを自分のペースで進めることはできません。どうすればよいでしょうか。**

A 確かに、学校現場では、まだまだ学習の進度ペースを教師が指示する場合が多いと思います。本書では、自分のペースでドリルをどんどん進めること、早め早めに進めて2周目、3周目に入っていくことなどを推奨しています。しかし、担任の先生にペースを決められると、自分でどんどん進めることはできなくなります。ただし、ドリルを先に進めていて叱る教師は、今の現場にはいないと思います。また、実際にドリルに書き込まなくとも、ドリルを音読して読みの定着を図ったり、指なぞりをして体に染み込ませたりしていくことは十分できるはずです。

先にも述べたように、担任の先生との関係を崩すのは子どもにとってよくありませんし、私の願うところではありません。3章に挙げたポイントを押さえつつ、「うまくやる」という精神で学習を工夫していってください。

Q2 漢字を読めるようにはなるのですが、書くことがどうしてもできません。どうすればよいでしょうか。

A 読むことができることが重要です。今後、漢字を手書きする機会は減っていくことが予想されますので、書くことよりも読むことのほうがより重要です。ですから、読めるのであれば大丈夫、と捉えてほしいです。

しかし、読みの重要性を踏まえた上で、それでもやっぱり書けないのは嫌だ、書けるようになりたい、とお悩みなのでしょう。まずは、本書で示したポイントを押さえて漢字練習をしてみてください。非効率な学習法をするより非常に覚えやすいはずです。それでもなかなか改善されない場合は、いろいろなやり方を試して、子どもに合った学習の仕方を見つけることをおすすめします。例えば、次のような学習法です。

●漢字の構成要素に着目して自分なりの覚え方をつくる。

（例）「至」ならば、「一、ム、土」など。

●一気に漢字1字すべてを覚えようとするのではなく、へんやつくりなど一部を隠してその部分を覚えていく。徐々に書ける部分を広げていく。

(例)「議」ならば、初めは右側のつくりの下半分だけ隠す。その状態で隠した部分を書けるようになったら、次に右側のつくり全部を隠す。それも書けるようになったら、今度は左側のへんも含めてすべて隠した状態で書けるようにする。

●漢字の成り立ちを調べ、そこからストーリーを頭の中で作り、それと漢字の形を結び付けて覚えていく。

(例)「源」ならば、水源から水が湧き出て流れているという意味があることを知り、「岩のような形をした原という字から水であるさんずいが湧き出ている」とストーリーを作って覚える。

書き順を体に染み込ませていく方法を含め、これらの方法も、万能ではありません。どんな子も確実に覚えられる方法は存在しません。こうした方法の中から子どもに合ったものを選択したり、場合によっては、いくつかの方法を組み合わせたりして、最適な学習法を見つけていきましょう。

Q3 うちの子は漢字が嫌いでなかなか漢字学習をしないのですが、どうすればよいでしょうか。

A 子どもたちが自分から学習する時はどんな時でしょう。それは、学習が「面白い」と感じる時です。先の学習法に関することとも重なりますが、どんな時に「面白い」と感じるかは子どもによって違います。読めたり書けたりする漢字が増えて世界が広がっていくことが面白いと感じる子もいるでしょう。漢字の学習のペースを自分で決められることに面白さを感じる子もいるでしょう。大切なのは、言われてやるのではなく、「面白い」ので自分から進んでするということです。そのためには、学習に関して様々な経験をさせてあげることです。いつも大人から「勉強しなさい」と言われて、言われたことをこなすだけではなかなか「面白さ」を感じられないでしょう。

そうではなくて、本書に紹介したような、今までの学習の仕方とは一味違う学習の仕方を経験させてあげたり、親子で漢字ゲームに取り組んだり、漢字の成り立ちについて親子で調べてみたりといった、多様な学習経験をさせてあげましょう。その中で子どもにヒットすることがあれば、子どもはおのずと漢字学習に取り組むはずです。

また、本書で紹介した学習法は、普通に学習するよりも効果的です。きちんと取り組んでいけば、学校の漢字テストでも点数が上がるはずです。そうしたことで自信をつけて、漢字学習が好きになり自分から取り組むようになるパターンも、多く目にしてきました。無理強いはせず、自分から学習するようになるまで、たくさんの学習経験をさせてあげながら、待ちましょう。

多様な学習を経験させよう！
今日は漢字ゲームで勝負しよう！
一緒に漢字の成り立ちを調べよう！

Q4　学校から配られるドリルやノート以外にも、何か教材を買って取り組んだほうがいいでしょうか。

A　基本的には学校で配られるものだけでも十分です。本書でご紹介した学習法は、すべて学校で配られるものを使用することを念頭に置いています。私のクラスの子どもたちも、基本的にドリルとノートをフル活用して漢字力を高めています。それだけでも抜き打ちテストで平均90点以上を取れています。熟語の書き込みの数も非常に多く、作文では学習していない漢字もたくさん使って書いています。

そういう子どもたちの様子を見ていると、学習に使う物はそこまで重要ではなく、一番重要なのはやる気とその効果的な使い方です。やはり、「自分からやる！」という意欲がある子は学力もどんどん伸びます。これが最も重要です。それに加え、ドリルやノートを効果的に使える子は鬼に金棒です。本書では、そのような学習法を紹介しています。

どうしても学校のドリルやノートだけでは物足りないという場合は、次学年のドリルを与えてもよいと思います。基本的には漢字の学習の仕方は1年生から6年生まで同じです。ですから、3年生が4年生で学習する漢字を学習できないということはないのです。やる気があり余っている場合は、どんどん先取りさせてもよいと思います。

Q5 うちの子どもは中学入試を考えています。漢字学習だけに時間を割くことはできません。本当に漢字学習は重要なのでしょうか。中学入試をするような子にとって役立つこととは思えないのですが…。

A 漢字学習を単に「漢字が読めたり書けたりすればよい」と捉えていると、そこまで価値を見出せないかもしれません。しかし、ここまでで述べてきたように漢字はそれ自体が語であり、知っている漢字や使える漢字が増えるということは、知っている語や使える語が増えるということになるので、語彙が増えることと同じです。語彙が多いことは、学力の中でも重要な要素の一つです。ですから、漢字学習に対して、「語彙を広げる」という意識をもって取り組めば、必ず受験の役にも立つはずです。

そもそも、母語を扱う力である国語力は、他の教科を支える基礎になっています。その中でも漢字力はさらにその基礎とも言えます。つまり、基礎の基礎ということです。野球で言えば素振り練習、サッカーで言えばリフティングなどと同じでしょう。どちらも地味であり、試合中にその成果を「あぁ、これは素振り練習をしたおかげだ」と見分けることはできません。しかし、確実にその成果が間接的な形で試合で出ているのです。

これと同じように、漢字学習の成果も、一見すると目に見えにくいかもしれません。しかし、間接的に、子どもの学力を支える基礎をつくっているのです。人間は、目に見える成果ばかり追いかけがちです。ですが、こうした目に見えない基礎の基礎こそ、本当は最も大切だと私は思います。そんな学力の根幹を伸ばせるのが漢字学習です。

それに、中学入試でも多くの学校が漢字問題を出題しています。学校によっては配点も大きく、漢字の出来が入試結果を左右するとも言われています。漢字学習に力を入れておいて、まず損はないでしょう。

Q6 担任の先生がやたらと「とめ・はね・はらい」に厳しいです。うちの子はそこまで手先が器用ではないので、何度も何度も書いて消してはの繰り返しで全然勉強が進みません。どうすればよいでしょうか。

A 私も子どもたちの字は細かく見るほうですが、個別の配慮はしています。本人としては丁寧に書いていても、どうしても字形が崩れてしまう子もいます。いい加減に書くことや雑に書くことを許容していると、子どもたちの取り組みの質は低下していくのですが、がんばっているのに「ダメ」だと言われ続けるのもやる気を失い、質が低下していきます。質問の内容から推測すると、恐らく後者に該当すると思われます。

担任の先生が気づいていないようでしたら、その様子だけでもお伝えしてみてはいかがでしょうか。きっと、おわかりいただけると思います。「うちの子だけ特別扱いしてください」と直接的にお伝えするのではなく、「漢字が嫌いになりそうだ」と伝えるとよいと思います。多忙を極める学校現場で、子どもが書いた漢字を1字1字細かく見る、心ある先生でしたら、きっと伝わるはずです。

Q7 うちの子は、今の学年の漢字はもうほとんど書けるようになっているようです。次の学年の漢字を学習させてもよいものでしょうか。

A 恐らく、よく本を読む子など国語が得意な子は、漢字を少し練習しただけで書けるようになるでしょう。今まで読書などでその漢字にたくさん触れてきているからです。そのような子も、まだ「書ける」という段階であり、「使いこなす」という段階にまでは至っていないでしょう。ですから、書けることだけで満足して、すぐ次の学年、次の学年と進むよりも、使い方をたくさん知ったり、使いこなせたりするように学習を深めていきましょう。もし、それすらもできているようであれば、私は次の学年の漢字も学ばせてよいと思います。翌年以降、学校でまた学習することになりますが、さらに習熟する機会だと捉えれば、何の損もありません。

おわりに

本書は、小学生の子をおもちの家庭向けに、小学校で宿題に出されることが非常に多い漢字学習に焦点を当て、家庭学習の質を高めていくことを目的として執筆いたしました。

私自身、小学生のころ漢字の宿題が嫌いでした。

「なんでこんなに何回も書かなくてはいけないのだろう」

「もうこの字書けるのにな」

「あぁ、面倒くさいな」

こんな思いで取り組んでいたので、今思えば恥ずかしいくらいいい加減な学習の仕方であったと思います。

それから月日は10年以上経ち、私は小学校の教師になりました。そこで驚いたのが、私が行ってきた漢字の宿題の仕方とまったく同じ仕方で今の小学生も漢字の宿題を行っていたことです。

それから、私は、10数年前の自分と同じ思いを目の前の子どもたちにさせたくない、という思いで実践改善に取り組んできました。

そうして、実際の子どもたちの成長の姿から、漢字指導や漢字学習について多くのことを学んできました。その集大成がこの1冊に詰め込まれています。

この本を通じて、子どもたちに「漢字が好きになった」「自分で勉強を進められるようになった」「たくさん漢字を書けて使えるようになった」と喜んでもらえればこんなにうれしいことはありません。

最後までお読みいただきありがとうございました。

終わりに、本書発刊にあたって小学館の小林尚代様、長昌之様には多大なご尽力をいただきました。この場をお借りして御礼申し上げます。ありがとうございました。

土居　正博

参考文献

大村はま（1994）『新編 教室をいきいきと1・2』筑摩書房
神戸落ち研・岡篤（2002a）『書きの力を確実につける』明治図書出版
岡篤（2002b）『これならできる！漢字指導法』高文研
石田佐久馬ほか（1969）『効率を高める漢字指導の方法』東洋館出版社
江守賢治（1965）『筆順のすべて』日本習字普及協会
国語教育研究所編（1971）『漢字の読み書き分離学習』明治図書出版
国立教育政策研究所（2019）『学習評価の在り方ハンドブック』
国立教育政策研究所（2020）『「指導と評価の一体化」のための学習評価に関する参考資料』
後藤朝太郎（1912）『教育上より見たる明治の漢字』宝文館
小林一仁（1981）『漢字教育の基礎研究』明治図書出版
小林一仁（2002）「漢字の学習指導」全国大学国語教育学会編『国語科教育学研究の成果と展望』明治図書出版、pp.334-339
齋藤孝（2002）『理想の国語教科書』文藝春秋

斉藤信浩・大神智春・大和祐子（2019）「語彙能力と漢字読み能力の漢字筆記能力への影響について」『基幹教育紀要』第5巻　九州大学基幹教育院、pp.15-27
齋藤玲・邑本俊亮（2018）「学習リテラシー：学習方法としての想起練習に着目して」『読書科学』第60巻4号　日本読書学会、pp.199-214
坂口京子（2009）「漢字」田近洵一・井上尚美編『国語教育指導用語辞典 第四版』教育出版
佐々木正人・渡辺章（1983）「『空書』行動の出現と機能ー表象の運動感覚的な成分についてー」『教育心理学研究』第31巻第4号　日本教育心理学会、pp.273-282
佐々木正人・渡辺章（1984）「『空書』行動の文化的起源ー漢字圏・非漢字圏との比較ー」『教育心理学研究』第32巻第3号　日本教育心理学会、pp.182-190
笹原宏之（2006）『日本の漢字』岩波書店
三宮真智子編（2008）『メタ認知』北大路書房
自己調整学習研究会編（2012）『自己調整学習』北大路書房
島村直己（1989）「児童の漢字学習：アンケート調査の結果から」『国立国語研究所報告』
白石範孝（2014）『国語授業を変える「漢字指導」』文溪堂
高橋純・長勢美里・中沢美仁・山口直人・堀田龍也（2015a）「教員の経験年数や漢字指導法が児童の漢字読み書きの正答率に及ぼす影響」『富山大学人間発達科学研究実践総合センター紀要』第10号　富山大学人間発達科学部附属人間発達科学研究実践総合センター、pp.53-60
高橋純・長勢美里・中沢美仁・山口直人・堀田龍也（2015b）「小学校教員の各漢字指導法の指導頻度と児童の漢字読み書きの正答率の関係」『日本教育工学会研究報告集』第15巻3号　日本教育工学会、pp.167-174
棚橋尚子（2013）「漢字の学習指導に関する研究の成果と展望」全国大学国語教育学会編『国語科教育学研究の成果と展望Ⅱ』学芸図書

棚橋尚子（２０１５）「学習方略を身につけさせることのできる漢字指導を目指して」『日本語学』第34巻5号　明治書院、pp.22-32
千々岩弘一（２０１５）「国語科教育における漢字指導の共有点とその源流」『日本語学』第34巻5号　明治書院、pp.10-20
土居正博（２０１９ａ）「漢字指導法に関する基礎的研究―現在の漢字指導に関する問題点の整理を中心に―」『国語教育探究』第32巻　国語教育探究の会、pp.34-41
土居正博（２０１９ｂ）『クラス全員が熱心に取り組む！　漢字指導法』明治図書出版
土居正博（２０２０）『イラストでよくわかる！　漢字指導の新常識』学陽書房
土居正博（２０２１）「小学校における学習者の意欲を喚起し漢字運用力を培う漢字テストの実践的検討―『他用例書き込み』漢字小テスト実践の分析を手がかりに―」『国語科教育』第90巻　全国大学国語教育学会、pp.53-60
野口芳宏（１９９８）『野口流・国語学力形成法』明治図書出版
深澤久（２００９）『鍛え・育てる　教師よ！「哲学」を持て』日本標準
深澤久（２０１６）「〝学び方〟を教え、『やる気』を引き出す」『教師のチカラ』第25号　日本標準
福沢周亮（１９７６）『漢字の読字学習―その教育心理学的研究―』学燈社
福嶋隆史（２０１７）『国語って、子どもにどう教えたらいいの？』大和出版
文化庁（２０１６）「常用漢字表の字体・字形に関する指針（報告）」
ピーター・ブラウン　ヘンリー・ローディガー　マーク・マクダニエル　依田卓巳訳（２０１６）『使える脳の鍛え方』ＮＴＴ出版
ベネッセ教育総合研究所（２０１３）「小学生の漢字力に関する実態調査２０１３」

（https://berd.benesse.jp/up_images/textarea/research/kanjiryoku_chosa_2013_p5.pdf）
アクセス日：2020年3月29日
ベネディクト・キャリー　花塚恵訳（2015）『脳が認める勉強法』ダイヤモンド社
道村静江（2010）『口で言えれば漢字は書ける！』小学館
道村静江（2017）『読み書きが苦手な子もイキイキ　唱えて覚える漢字指導法』明治図書出版
諸見里朝賢・奥野庄太郎（1921）『読方教授の革新：特に漢字教授の実験』大日本文華出版部
文部科学省（2017）『小学校学習指導要領解説　国語編』
文部科学省（2019）「児童生徒の学習評価の在り方について（報告）」
大和祐子・玉岡賀津雄・熊可欣・金志宣（2017）「韓国人日本語学習者の語彙知識と漢字の読み書き能力との因果関係の検討」『ことばの科学』第31号　名古屋大学言語文化研究会、pp.39-58
早稲田大学教育総合研究所監修　坂爪一幸編著（2010）『「脳科学」はどう教育に活かせるか？』学文社

土居正博

どい・まさひろ

1988年、東京都八王子市生まれ。神奈川県川崎市公立小学校教諭。東京書籍小学校国語科教科書編集委員。国語教育探究の会会員。全国国語授業研究会監事。全国大学国語教育学会会員。国語科学習デザイン学会会員。国語科を中心に、子どもに力をつけ、育てる指導を日々追究している。

〈受賞歴〉・「わたしの教育記録」(日本児童教育振興財団)「新採・新人賞」(2015年)・「わたしの教育記録」(日本児童教育振興財団)「特別賞」(2016年)・「読売教育賞」(読売新聞主催)「国語教育部門優秀賞」(2018年)・「国語科学習デザイン学会優秀論文賞」(2020年)

家庭学習で100倍「漢字力」を伸ばす!

2023年 8 月27日　初版第1刷発行

著者● 土居正博
ブックデザイン● ベター・デイズ（大久保裕文・村上知子）
イラスト● 霜田あゆ美
校正● 麦秋アートセンター
DTP制作● 昭和ブライト
編集● 長 昌之　小林尚代

発行人● 杉本 隆
発行所● 株式会社小学館
〒101-8001　東京都千代田区一ツ橋 2-3-1
電話　編集:03-3230-5549
販売:03-5281-3555
印刷所● 萩原印刷株式会社
製本所● 牧製本印刷株式会社

Printed in Japan　ISBN 978-4-09-311526-1